現代人的生活智慧

戴朝福 著

自序

社團法人中華文化生活學會出版拙著《道德理性與現實生活——試答儒學一〇〇問》一書，一些關心我的朋友閱讀完後，說那本書取材廣泛，在看似平凡的答問中，析理論事公允客觀，只問是非，堅持理性，很能彰顯儒家的義蘊，也很能引領讀者掌握到儒學的精神脈動，對世道人心的提振很有助益，希望我能以簡明扼要的方式，繼續用儒家理性的態度，評論一些當前的時事，甚或試尋解決之道，他們的誇獎與鼓勵，加強了我的信心，也激發了我提筆的動力。

「速食」文化好像影響到普羅大眾讀書的耐性，長篇大論的文章，似乎引不起一般讀者的興趣，爲迎合這樣的趨勢，我於是決定每篇僅寫千字；三、五分鐘就可卒讀一篇短文，不覺費力，或許還可能誘引大家讀完這本小著。眞的，即便有好的作品，乏人問津，沒人想看，對作者而言，不免有憾，對社會而言，也是一種資源的浪費。

要寫好「時事評論」性的文章，談何容易，這一方面因於媒體報導的角度不同，評者可能會受到誤導而產生認知上的偏差，二方面因於個人主觀的封閉意識，及對隱性問題之疏於察覺而自以爲是，三方面或可能因於自己邏輯推理上的盲點所致。每個人都有他的看法，多元的社會，一時似也難說孰是誰非。

儒家講道德理性，道德生於良心，理性發乎良知，良心良知人人皆有，所以只要本著道德理性來論事，就易引起大家心靈的共鳴。《論語》是儒學的經典，它講道德，講如何理性生活，只要我們細心體會，每一個章節，都會給我們很多精神生命的啟發，給我們很多生活的智慧；道德理性是超越時空的，所以《論語》的生活智慧，用到現實中來，便也成了當下現代人的生活智慧。本書百餘篇時論，每篇都套用《論語》中的一句或數句話，意在證明：原來儒學就在開示我們如何理性面對生活，如何從現代生活中去創造意義與價值。

處在日新月異的科技時代，人受物慾引誘，逐漸失去道德理性的自覺，不知如何實踐生命的意義；價值觀混淆，美其名是多元社會，人人自以爲是，沒有交集，無法相互溝通，人群失去和諧，看不到國家希望，令人憂心。

厚植國力，需要以道德理性教育作根基，道德生命就在經典中，它不是教條，不老古板，是活潑親切，與時推移的。如何活化經典，讓人人想接近它，而不排斥它，正是本書撰寫的用意。

目錄

輯二　理性的生活

輯三 生活的智慧

輯一

生命的啟發

不論前世，不談來生，
只講如何充實飽滿地生活於現在，
以安頓自己，這就是儒家的生命學問！

大塊皆文章

《論語》講的是「人」的生命學問，是教人如何在現實中開發自己的智慧，安頓自己，以使生活過得有意義、有價值。

要開發智慧，不是整天光坐在家裡空思冥想就能辦得到，乃必須在生活中不斷去學習、體證，從錯誤的嘗試中不斷去反省、改進，才能有得。

「大塊皆文章」。眞的，天地間處處都是老天提供給人的心靈創作題材，都是無言的示現，誠如佛家所謂的「一華一世界，一葉一如來」。只要認眞體會，詩人就可從大自然的美景中找到很多描述的詩作靈感，文學家就可從人文交接中走進情感的世界，科學家就可從現實存在的現象中獲得啟示，而覓得大自然的奧祕。……凡此林林總總，正說明了現實的存在面蘊藏有無限的奧機，它可供人作無限之知識與智慧的開發。

而人生在世不過百年，就時間上來說，生前死後都是不可知的邈然，人所能眞正把握的，只在有生之年的每一個當下；就空間上來說，眼前人之所聞所見，都是眞實的大千世界，而不是幻想的虛擬人間，所以人活著，就應該認眞地面對它。只要時時學習，處處學習，認眞體會，不管在客觀的知識上，或主觀的德養上，都會有收穫，而讓自己不斷地自我超越，自我成長，這就爲什麼孔子在《論語》中開宗明義地要人「學而時習之」（〈學而・一〉）。

人活在世間，不只物質生活的需求受到很多人直接或間接的幫助，在精神生活上，也同樣受到很多今人乃至很多古人的開導與啟發。古人已矣，無法報答，而今人眾多，無論如何也報答不完，所以每個人永遠是一個負債者，應該抱持著一顆感恩的心來面對世人。學習一方面是爲了充實自己，一方面也是借著自己能力的增強，來回饋更多的社會，這樣的道德實踐是應機而行，是極具藝術性的。

人能積極、剛健、進取地面對當下，生命便覺充實飽滿，一方面從社會中學來，一方面又適時而合宜地回饋社會，拿成就別人，來成就自己，這樣心靈自能獲得安頓；每個當下都精神愉悅，陶醉在生活之中（不亦悅乎），就會領受到這趟人生沒有白來，死而無憾，不畏懼死亡，所謂「死後的靈魂是否能到西方的極樂世界去」等等問題，都已無關緊要了。

不論前世，不談來生，只講如何充實飽滿地生活於現在，以安頓自己，這就是儒家的生命學問。

複習與溫習

儒家主張人在現實生活中要懂得把握當下，不斷學習，從中不斷地自我超越，自我成長，以使生活過得充實飽滿，所以我們可以說：儒學所講的人生，其實就是「學習」的人生。

學習當然要先從「記問」之學開始。所謂「記」，就是要記住學習對象的內容，如記英文單字、字詞、成語意思，記歷史人物及他所做的事之時間、地點、經過、結果，記九九乘法、數學公式、物理定律等等……；所謂「問」，就是看見一有不懂的事物，便問這一事，不問其他，如學生遇上了課業上的難題，他便只問這難處，不涉其他相關的問題。這種記問之學要牢記在心，就必須要下「複習」（重複學習）的工夫，久而久之，自能打下為學的基礎。

儒家教人要複習（這就是子夏所謂的「月無忘其所能」），更教人要「溫習」。所謂「溫習」，就是把原來所懂得的那些知識或經驗，透過內心的一番深入尋繹，順著它而綜合、聯結為新的知識，或從反面推演而創造出新的學問，正如同作菜一般：我們把生的食材，經過或煮或煎或炒或炸或蒸或燉等等逐漸加熱（溫）的工夫，就能超越原來的食材，而轉化爲一道道可口美味的佳餚。可見要有創造性的成果，要眞得到新的學問，都要從「溫習」來。溫習不只是吸收它，而且還消化它，使它成爲我們成長的養分，使它轉化爲我們行事的力量，它讓我們開闊了視野，使我們處事更能看到整體，而不囿限在局部，使我們從中更獲得左右逢源的智慧，減少不必要的錯誤嚐試，所以不管做學問或學做人，孔子強調求學須「溫故而知新」（〈爲政·一一〉）。

眞的，求知識也好，學做人處事也好，做任何學問，人如只停留在「複習」的階段，只知照本宣科，只知邯鄲學步，而不知變通，不知從中找到它的精神脈絡，那麼將使自己成爲一部讀書的機器，一切的見解完全被舊聞所限制，就成了道道地地之黏滯的書呆子；尤其在待人處事上，如果只堅守過去的經驗，而視它爲永恆的教條，很可能淪爲偏見，或養成一種無明的行爲慣性而不自知，如是，當面對新的問題，處在多變的情境，不但無法應對自如，反被它所桎梏，事情難獲圓融的解決，可能還因應變不合宜而損害到了自己，這就爲什麼求學不能只重「複習」，更須重「溫習」之故。

所以，朋友！作任何學問，要複習，更要溫習。

人生的解讀

人是萬物之「靈」，他有別於植物和動物。植物只就地依著土壤、陽光、水分等等大自然給它的客觀條件去生長，沒有「知覺」的問題；動物則有知覺，餓了就覓食，累了就休息，遇上危險就逃避，……這些出於本能的自然反應，都只是爲了自保，至於如何才活得有意義、有價值，什麼才是理想，以及如何去實踐才能達到這個理想等等問題，牠則從沒想過，也沒有這種能力去想。只有人，由於最具「靈」性，所以會考量上述的種種問題，以從平凡生活中創造出意義與價值。

本著這種靈性，於是對人生便有不同的解讀（不會只有一種詮釋，也會有種種其他的解讀，正說明了人心的「靈」活），諸如：基督教領受到人在世間不管如何修心養性，都不免犯錯，便覺得這是由於人具有與生俱來之洗不清的原罪之故（據《聖經》的解釋，說原罪出於人類的始祖亞當、夏娃之偷食禁果而來），人既無法除罪以自贖，只有信仰上帝、耶穌才能得救，所以必須專一信其教，依其教義而生活，才能顯其人生的意義與價值。佛教則從人之現實上的挫折與痛苦，說人生是苦海，只有皈依佛，才能獲得般若智慧，求得解脫，而展現價値。至於儒家則從正面去解讀人生的意義與價値，所以對嬰兒呱呱落地便哭啼不停，不說成因爲不想來到苦海的人間，而說他捨不得離開母親懷抱，這種「捨不得離開母親懷抱」就是人與生俱來之「報本返始」之孝道的善根，由此可見人性本善；而人最先接觸的群體是家庭，最先有恩於我的是生我、養我、育我、教我的父母，所以實踐仁道，當從孝悌開始，有子說：「孝弟爲仁之本」（〈學而・二〉），所講的精神義涵就在這裡；人只要保持這種與生俱來的善性，而依之努力在現實中去實踐，這就是人生的意義與價値。

上述佛教、耶教雖都從負面去解讀人生，但他們之跟隨佛、耶去求解脫、求得救，其行徑，卻都得落實在現實存在面的生活中，借著具體之行善、佈施的客觀表現，以求與佛之慈悲與耶穌之博愛精神交相感通，從感通中求解脫、贖罪，所以教義儘管各自不同，他們對人生之道德的善之具體的實踐，都展現了意義與價値。因此依儒家「致廣大」的性格，雖不必定認同他們的教義，但對他們能展現人生之光明面及其所生發之種種社會的正面力量，不但不排斥，反更加肯定與讚賞。我們長期受儒學影響，無形中薰陶出了這種博厚的胸襟，所以在中國人的社會裡，很難發現有對不同宗教的尖銳對立與抗拒，而能彼此祥和地生活在一起，各尊重其所信，這不是沒有原因的。我雖不必信你信的宗教，卻尊重你之所信，大家可以各信其信而融洽地相處，這也是儒學中庸性格的一種展現。

愛情的貞定

說來世間眞有意思：一個人長大成人以後，上蒼或許爲了讓他體驗人生，考驗、砥礪他的德養，特別設下奇緣，讓男女在巧合的機遇裡相識、相愛，然後結婚生子，從夫妻的配偶關係，延展而生發爲父母子女的天倫關係，接著擴充下去，而子子孫孫，世世代代，……直到永遠。在這裡，我們看到了多彩多姿之「生生不已」的生命歷程，正如每天之日起日落，一年四季推陳出新之生生不息的宇宙生命。儒家就是用這種「生」理，從人道來體證天道，由天道來契貫人道的。

夫妻是人倫的大始，是「承先啟後」的世代樞紐。沒有夫妻，就成就不了家庭，成就不了世世代代；夫妻一倫生變（如離婚），整個家庭便隨之不安，尤其無辜的子女將會因於父母之失和、離異而使心靈受到重創，這是人生的大不幸。爲避免類似這樣的不幸，夫妻彼此之間當力求「愛情的貞定」，來維繫長久的關係。「愛」是普世眞理，任何宗教都離不開愛，儒教講仁愛，佛教講慈悲，耶教講博愛，要推愛到天下，當先懂得去愛自己的另一半，連一個人都專愛不來，如何高談「汎愛眾」？所以眞要推廣愛，維持夫妻不渝的愛，實是重要的第一步。

夫妻要貞定愛情，重在彼此內在之道德心靈的感通，而不在姿貌、名位、財富等等外在條件（色）的講求，因爲姿貌將隨歲月日漸衰老，誰也無法阻擋，名位、財富之或得或失，總是無常，當這些外在的條件一有了變化，夫妻的情愛馬上跟著動搖，沒有穩定性的基石，是培養不出「不渝」之情操的（今人爲求婚姻生活的新鮮感，常講求形式上的浪漫，企圖借此來激發生理上的慾求，但此間若無彼此感通的眞愛，便易覺得虛僞而倦怠）。

只有兩心相許，多從光明面去欣賞對方，則當對方有了過錯，必會淡化它，爲它理由化，而視它爲情有可原；當雙方偶起誤會、衝突，也必會很快冷靜下來，共同探尋問題的癥結所在。如此相處久了，彼此了解對方氣質的限制，忽略其缺點，牢記其優點，夫妻自能相處和諧，情愛永不渝。

總之，容貌無法長保青春，名位財富未必能永遠擁有，只有人的德養，越經過砥礪、磨練，越趨向圓融、完美，正如陳年的老酒，越陳越香，人越老，越能彼此欣賞、敬重。可見夫妻相處之道，在重德，不在重色，子夏說：「賢賢易色」（〈學而・七〉）這句話，的確是千古名言，歷久而彌新。

教師的自我期許

有關教師的教育使命，唐儒韓愈在他的〈師說〉一文裡，就開門見山地點出：「師者，所以傳道、受業、解惑也。」特別把「傳道」擺在最前頭，正說明了它乃是三者之中最最重要者。換句話說：不論講授客觀的專業知識（受業），或是解答課業上的疑難（解惑），要之，這些都屬人生之工具價值的教學，唯獨薪傳人生的常道（傳道），使學生學習如何保任道德心靈的自覺，如何實踐生活的意義，提升精神的生命，這才是人生之目的價值的教學，也才是教師之所以為教師之最莊嚴所在。

人生原本就是一無盡的踐德歷程，任何工具價值的學習，都是為了成就人生，成就道德的落實，如果只求客觀的專業知識，而不以道德心靈來導引它以正用，那麼，越具專業知識，越可能成為妨害人生、破壞社會之更大的負面力量。君不見一個熟諳法律的人，越懂得鑽法律漏洞，做盡壞事卻可逃避懲罰；一個深知化工的人，越懂得如何製造偽藥來謀利害人；……凡此在在說明了沒有道德心靈自覺，而妄用客觀專業知識的可怕。於此可知教師「傳道」是何等的重要。

人的生活離不開言行，由言行來表現常道，諸如：對人要禮敬，不要傲慢；處事要勤勉，不要怠惰；爲人要眞誠坦白，不要詐僞說謊；……這就是常道。一個人禮敬、勤勉、眞誠坦白，就會受人喜愛；反之，就會遭人厭惡，這種或喜愛或厭惡之自然道德的心情反映，端在人之言行是否符合常道，是否能與與生俱來之良心善性引生共鳴，可見常道之所以爲「常」，之所以爲恆久不變，就由於它是本諸人之本有的道德心而表現的，所以人守常道，不是死守黏滯的道德教條，乃是堅持人之永恆的善性，善性恆常，故常道也恆常，所以人人都應遵行它。

教師所要薪傳的，就是這種人生的常道。然而所謂薪傳，不只爲做人處事上的義理之疏解，而重在生活中去身體力行，唯能力行，教師才能成爲一常道的「現身說法」者，才能使學生受到實質的薰陶與感召，而思有以效之，如是，道乃眞能獲得承傳，此所以曾子在其每日三省己身中，特別強調：「傳不習乎？」（〈學而．四〉）時時反省：我要傳給學生的做人處事常道，是不是自己都能在生活中去實踐呢？教師能經常自我期許「傳習」，不只可鞭策自己進德，更能表現出他「傳道」的眞誠，換句話說：教師不只要自我期許當一位「經師」，更要自我期許當一位「人師」，這才是教師的眞正教育使命所在。

交友

人是群居的動物，一方面須與家庭成員一起生活，一方面也須與社會中人一起生活，這不只因於彼此在物質需求上須要相互依賴、協助，在精神需求上也須要相互慰勉、砥礪，可見如何與人長久共處，實是人人都應講求的大學問，所以自古以來，中國人就很重視人與人之間的和諧關係，所謂「五倫」，就是在講求君臣、父子、夫婦、長幼、朋友等等之五種人際關係如何理性的互動。

朋友是五倫之中關係最爲廣泛的一倫，除了家庭成員以外，社會中人無論他的職業、地位、信仰、性別、年齡如何，都可與他交往，而成爲我的朋友。朋友重情義，有情有義的，就可維持長久的友誼，反之，隨時都可能翻臉而引起衝突。

朋友重情，最怕的是流於無謂的盲情。如果成天只知聚在一起吃喝玩樂，耍點小噱頭，故意營造一些歡樂的氣氛，說話卻空洞而沒什麼實質內容，這種只求排解空虛，驅散無聊的交往，雖或有一些鬆閒適意的生活情調，讓彼此的俗情相互取暖，但說不到生命內在的深處，就引生不起向德向道的心靈共鳴，因此彼此即使來往熱絡，終究無法成爲「深交」的朋友。

交友當然也要講義，但最怕的是流於江湖的義氣。所謂江湖的義氣，指的是：不問是非，只一味爲對方承擔一切，乃至以身相許，不論任何代價的犧牲，都在所不惜。這固然可以表現對朋友的一片忠心，展現「刎頸交」的友誼，但此中如果沒有眞正的「義」在（如小嘍囉抵死也要替角頭頂罪等行爲），那麼，這種交往也只屬一種盲情的投靠，不必定具有人生的意義與價值。

「朋友以義合」，交友的眞正用意，其實就在彼此之相與相處中去陶冶自己的德養。朋友有善，我們要取法；朋友有過，基於對他的情與義，我們要勸善，與他共勉於進德，萬萬不可怕得罪，而苟且隨他往下沉淪。孔子說：「無友不如己者」（〈學而・八〉），它的意思就是要我們不能在朋友的墮落處，跟他打交道。如他邀我抽菸、賭博、吸毒，我就拒絕接受誘惑；他平素慵懶，我不應學他慵懶；他常失信於人，我則要引以爲戒，自勉守諾；……這樣，一方面可免於使自己受到不好的習染，而使精神下墜，一方面也可在「拒絕習染」的那一點上，促使朋友幡然自覺：原來自己的不求長進，連最要好的朋友都不予苟同。失去了俗情的投靠對象，就能鞭策自己改進，讓自己的精神在無形中不斷提升；而這樣的朋友，也才算是一個眞正能幫助對方之「有情有義」的朋友。

認錯與改過

俗語說：「人非聖賢，孰能無過？」這話好像是說只有聖賢可以無過，其他人都會有過；其實聖賢也是從不斷的犯過中改正、涵養自己而來，並非一開始便無過，可見犯錯眞的是每個人都免不了的。

人是有靈性的，只要一念自覺，對於自己所犯的過錯，會感良心不安，不安，所以一提到所犯的錯處，便會言語閃躲、支吾，面紅耳赤，心神不寧，乃至食不下嚥，終夜難以入眠，語云：「惡有惡報」，不論他來日是否眞會得到應有的報應，至少在犯錯未改的當下，他眞的領受到「惡報」了。

人要重新獲得心安，唯一的辦法就是改過，而改過的第一步就是認錯，不認錯，如何會覺得自己有過而須改？然而人爲了貪圖僥倖，不希望自己的過錯因而遭受到別人的批評、嘲諷、謾罵、指責、侮辱乃至懲罰，往往選擇抵死也不認錯，掩飾自己，以求免對自己不利，而傷害到人格的尊嚴，於是順理成章地就編造一些謊言或假象，企圖借此來矇蔽、欺騙別人，誤導人以爲他沒有錯，即使有錯，一切的責任也不在他。然而不管他是否眞能一時騙得了他人，對自己而言，過錯畢竟是無法眞能使他釋懷的；爲了逃避良心的譴責，他便會爲自己的過錯合理化，比方：溺愛是因於孩子還小，怕他不堪打擊而失去自信；偷竊是因家有老母，需要奉養；詐騙他，是爲了讓他從上當中得到智慧；……凡此用慈愛、孝敬、得智等等冠冕堂皇的理由爲借口，欺人之前，已先欺騙了自己，這樣的不認錯，當然無法進一步談改過。

基督教要信徒在神前懺悔認錯。神是全知全能的，因爲祂全知，所以你必須坦白交心，絲毫欺瞞不得，如果抵死不認錯，必會受到天譴；因爲祂全能，所以只要你認錯改過，祂便會因你的眞心而寬恕你，救贖你，而讓你心安，這種借神的信仰力量來徹底認錯改過，雖屬他律，實不失爲一好辦法。孔子說：「過則勿憚改。」（〈學而・八〉）一切的過錯既由自己犯來，就要勇敢地爲它負責，全由自己來承擔；步向完美的人格不靠掩過，而是當下誠心地改過，當下心誠，自主自律，就能生發一股沛然莫之能禦的力量，而斬釘截鐵地去認錯改過，如是，當下就是一眞我的展現，就會與世人的眞心相感相契，而受到尊敬與歡迎，這樣，又如何怕改過？不改，反使別人心照不宣地鄙視你，而自己良心的長久掙扎與壓迫感的越積越重，又如何可能過一心安理得的幸福生活？

生命的尊嚴

人生在世，不論他的歲壽或短或長，誰都不例外，正一步步走向死亡。在這一段「活著」的日子裡，每個人必須面對「現實」，去求「生存」，以使自己生命得以延續存在。此中人必須要吃、要喝、要穿、要休息、要工作、要活動，……

凡此吃、喝、睡覺、活動等等的自然生命表現，與其他動物沒有兩樣，談不上尊嚴不尊嚴；人的工作，如果只從爲了賺錢、爲了圖溫飽、爲了求物質生活之享受的角度來看，實也無所謂尊嚴不尊嚴，但人如能從工作或活動本身之背後所蘊涵的意義與價值來看，便能體悟到：原來人的生命裡是有它的尊嚴的。

農夫耕田種作，固是爲了生產稻穀等農產品來賺錢，但同時也充分供應了米糧，使社會中人免於飢餓；醫生看診，固是謀生，卻也因他的醫療而治癒了很多人，挽回很多人的性命；教師從事教育，雖也是一種求生活的行業，但他之作育英才，也爲國家奉獻了力量；……凡此在在說明了凡事都有一體的兩面，只要能從正面去看，人的任何工作與活動，都具有「道德實踐」的意義，都能展現生命的尊嚴，就此而言，我們可以說：人的一生，簡直就是一「道德實踐」，一自我實現的歷程。

或許有人會問：人在日常生活中會不斷犯錯，如何有尊嚴？誠然，人會常犯錯，卻也會從過錯中不斷改正自己，這種不斷改過、涵養自己，也是一種道德實踐（孔子不希望人渾噩過日，要人「過則勿憚改」，時時保持心靈的自覺，以使自己的道德人格不斷成長，其義，就有要人維持「生命尊嚴」的用意）。人性本善，每個人都存有潛德，所以即使沒有像「君子」那般的涵養，在他的一生當中一樣會有一些值得稱頌的表現，這些表現，就是人的尊嚴，人所要記取、懷念的，就是他的嘉言善行，他的生命尊嚴。

曾子要人「愼終追遠」（〈學而・九〉），他的用意顯然要人多從正面看人。把人看成有生命尊嚴的存在，才能領受到他的一生是一道德實踐的歷程，他的辭世，是他「道德實踐」之生命歷程的完成，這樣，對其人格加以肯定、敬重，對其喪事，才會愼重地辦理，而對先人的懿行嘉言，才懂得去追思、緬懷與感念。

人的一生雖也有爲惡的實然，但人性本善，所以人人乃原則上都有爲善的應然，這種「隱惡揚善」的理念，即在借以淨化人心，向善回歸。人人都具生命的尊嚴，就能造就可敬可愛的人間，如是，又何須在現世之外，另尋極樂世界呢？

延生

儒學講「生」道，宇宙、萬物都在「生生不已」之中，人當然也在「生生不已」之中。

太陽每天從東邊昇起，從西邊下落，天天如此，生生不息；一年之四季春、夏、秋、冬也循環不已，生生不息；植物之成長，由種子而發芽而茂葉而壯枝而開花而結果，枯萎之後，又由結果的種子重新在土裡進行另一個生長歷程，生生不已。

「身者，親之遺體也。」在中國人的觀念裡，子女的生命原即承接自祖先、父母，而與之連綿爲一體的。換句話說：現實存在的我，就是去世之祖先、父母的化身，我的存在，簡直是祖先、父母以另一種方式的現實重現。爲了向列祖列宗交代，向子子孫孫負責，每個父母無不希望子女結婚生子；不結婚，即形同無法承先啟後，延續香火，就覺得自己的責任未了，心靈難安；因爲不忍眼睜睜地看到子女斷了代，如果從此我們這一家族再也不能「生生不已」，那眞的是天大的罪過，此所以說：「不孝有三，無後爲大。」

除了希望子女結婚，在農業的傳統社會裡，也希望兒孫滿堂，這一方面固因廣大的農地，需要眾多的人力，一方面也因子孫越多，越有「延生」的保障（人生無常，安危難料，只有一個獨生子，延續後代，總較不具安全感），此所以父母亡故，訃文上總會臚列眾多的家族成員，乃至主、支系之後代成員，而至「族繁不及備載」，借以告慰死者其「延生」無限，可以含笑九泉。

爲人子女的，處在當今的工商社會，受到財力等等客觀條件的限制，當然不必固執於多生孩子來表示孝道（整部《論語》談孝，孔子從無多生子以盡孝的言論），重要的是「三年無改於父之道」（〈學而．一一〉），先淨化自己的心靈，從理型上去看父母通體是德性，而長久地（三年喻恆久）感念其德，以轉化它到自己現有生命所應踐履的言行上，這種「善繼」、「善述」之永不懈怠的生生不已的作法，就是子女對其祖先、父母精神生命之「延生」的最佳表現，儒家所提倡的孝道，就是從這個方向去說的。

由是可知：儒學所講的孝，不是黏滯的教條，而是與時推移之生鮮活潑的常道，常道的精神不變，常道所表現出來的內容，是可有不同之多彩多姿之品貌的，所以如果有人說什麼時代了還講老古板的儒學，還那麼傳統守舊，這是因爲他不懂得儒學。

事與言的道德實踐

儒家認為人生就是一道德實踐的歷程，而道德實踐的具體表現，就在日常生活的言行之中。行離不開事，所以言行也可說就是事與言，如何讓事與言表現為道德的實踐，孔子「敏於事而慎於言」（〈學而．一四〉）的簡賅一句話，給了我們切要的啟示。

就事來說，凡人類所作為所成就的表現都叫事。所謂：「成就」，指的是成就精神生命或成就現實生活，即使它是價值中立，至少也以不妨害他人為原則（所以偷、盜、拐、騙乃至燒、殺、擄、掠的行為都不是事），因此如果我們聽人說：「今天沒空，我有事。」不管其事方不方便告訴人，我們都會理所當然地認為他所做的不是壞事。「敏於事」意思是做事要勤快，而不是要我們急躁從事。勤快與急躁有別：勤快是針對當前所當做所能做的事，要努力去做好它，不拖欠，所謂「今日事，今日畢」，以使它能在許可範圍內，儘早達到最好（當然未必定完美）的結果，這樣，如遇到艱難，也才較有充裕的時間去尋求解決之道。急躁則不然，為急於追求速成，便不去熟慮主觀的個人氣質困限，與客觀之外在情境的艱難，也不去思考如果失敗會有什麼後果，只一味憑個人一時的衝動，橫衝直闖，所以當事情弄到不可收拾，不知如何善後，只好任它「船到橋頭自然直」了。

人能「敏於事」，提振精神，時時勤快，按部就班，一切依著主客觀條件所許可的進度去努力，事情的成功率就會很高，即使失敗，也問心無愧，因爲在這一段歷程中已盡心盡力，就是道德實踐的展現，所以不可輕忽，每一步都具意義與價值。

至於語言，它是人之心聲的表達，所以人心如果虛妄，所講出來的話自也無法成爲眞實。比方說自己想做一件事，尚未去做，便四處張揚說自己一定會完成它，或因於怠惰，或因於中途遇到挫折而畏縮，最後終究沒有做成，於是原來所講的大話，便成了誑言，「人言爲信」，失信於人己，就會傷害到人格。又比方說對人的褒貶，如果因於自己主觀的因素（如對對方印象好，便都從優點去看他，對對方印象差，便都從缺點去看他），發而爲不理性的批評，不是過獎，就是過譭，話不貼切當事人，就淪爲不眞實的話，失去可信度，便不爲人所認同了。

總之，心不虛妄，才能發爲眞實之言，而「一言既出，駟馬難追」，說話不可不謹愼，言能眞實而有信，這才是道德實踐的表現，所以孔子要人「愼於言」。

貧與富的自處之道

人是一現實生活的存在，離不開現實，也離不開生活。要生活，必須仰賴現實之物，而現實之物的獲得能力，則是依靠錢財。換句話說：人越有錢，越有能力擁有現實上之物質乃至精神之享受的相對自由（他可以花錢去買享受，也可以不買，買或不買，他有選擇的自由，而窮人只有不買的自由，只有不買，別無選擇，其實就等同不自由），爲了爭取這樣的自由，所以世間很少有人不想去努力賺錢的。

然而人想賺到很多錢，常是可遇不可求的，所以社會上有錢人家雖不少，但窮人更多。面對或貧或富的情境，我們又當如何自處呢？

《論語》記載子貢有一次向他的老師孔子請教這方面的問題，他設問：倘如一個人貧窮卻窮得有骨氣，不會因此向富裕人家巴結，企圖從那兒得到好處；有錢人也不會借著他的財富，向人炫耀，這樣應該是有德養的人了。孔子回答他說這只是起碼的涵養而已，還應進一步做到「貧而樂，富而好禮。」（〈學而·一五〉）從這裡，我們可以意會到：人的德養是要精益求精的。

所謂「貧而樂」，不是說因爲貧窮而感到快樂（人窮到三餐不繼，基本的生活物質常有匱乏之虞，身軀受到煎熬，如何有樂？）而是說在這種貧乏的日子裡，他從中領略到各種人生的甘苦，從而「學習」如何有效面對，克服困難，解決問題，以使自己借由挫折而更「體驗」人生；他陶醉在「學習」與「體驗」之中，忘忽貧窮，只覺得生活的本身有益於自己人格的成長，很有意思，故「貧而樂」。

至於「富而好禮」，是說有錢人家忘忽自己的財富，而能一本平常心，以理性（禮者，理也）表現在言行上。對人，他說話不但不會財大氣粗，睥睨窮人，且一視同仁地善待一切人。他認爲錢財只是身外物，跟自己的人格高下無關，別人有沒有錢，也跟他的人格高下無關，大家既都是具有良心善性的人，理當彼此敬重，是不應該用錢財來衡量人的。由於他敬愛一切人，所以當別人有難，他會適時慷慨解囊，協助他度過難關；當面對有價值有意義的人文活動，需要捐助玉成，他也會樂於捐獻。而對自己，依舊會儉約樸實，不作無謂的浪費，比方在交通上眞有必要，他才買轎車，絕不會爲了盲順俗眾來趕流行，也不會爲了提高身分，而買名牌包包，……總之，對人對己，每一分錢都花得踏實，讓自己的錢財發揮它的意義與價值，這也是「富而好禮」的表現。

活出自己

當今的工商社會，各行各業都競爭得很激烈。就產品來說，除了要講求品質比別人優越外，也要注重外表的包裝。品質超越別人，才會贏得消費者的青睞；外表包裝精美，也才會提升產品本身的價值感（不論產品之品質是否眞的提升，至少已增強了「價值」的表相），而誘引人生發強烈的購買慾。前者所重在實，後者所重在虛，虛與實，都可引人側目，增加產品的銷路。

其實，虛只是外表，實才是根本。根本能紮實，即使外表的長相不怎麼樣，終究還是經得起考驗，而爲人所喜愛；相對的，只講求外表，企圖利用它來掩飾本質的惡劣，亦終究經不起考驗，而必爲人所厭棄。

或許俗眾想多一點浪漫，寧可捨實而就虛，重視外表，而輕忽內裡，所以訂婚送禮，捨用傳統的糕餅，而寧採價格昂貴之層層包裝的喜餅禮盒來送人（這類型禮盒，大抵都用凹凸不平的塑膠殼來隔層，每塊餅干，不論大小形狀，也都用眞空袋來包裝，不但占了很多裝塡實物的空間，也製造出一大堆垃圾，誠可謂「華而不實」）爲展現自己本身的美，不從陶養內在的氣質下工夫，偏從拉皮、整容、隆乳……等等塑造虛僞的外相入手。求名聲，不立志去紮實地作學術的研究，踏實地從自覺自反中作進德的工夫，偏只重形式上的高學歷、高經歷（如果不下苦工夫，傲人的學位，不必定有傲人的學術實力；同樣的，崇高的地位，不必定眞有崇高的道德涵養及圓融的處事智慧，所謂「官大學問大」，簡直是笑話）；……

凡此，在在說明了俗眾盲目追求虛假，而忽於求實的不理性。

上述一般人對價值的追求，務虛不務實，寧爲依附俗眾的多數，而不敢當獨立的少數，所以如此，主因即在於對自己缺乏自信。孔子說：「不患人之不己知」（〈學而．一六〉），其義就是要人建立起自信，依著良心，踏實地充實自己，以實踐理想。如果自己在才德上眞有了實至名歸的成就，而不爲人所知，不爲人所重用，乃至遭到酸葡萄式的批評，他會泰然處之，反省自己可能的不是而改進，至於問心無愧的那部分，則會堅持到底，不隨俗世搖擺，因爲任何無謂的毀譽，對他人格的價値都不會有增損。許多地方，我對自己都不必定全然了解，又何必在意別人非得了解我不可？但只要眞誠，一切的表現對自己而言，應都是最好的行銷，試問人跟人相處久了，彼此的性情、德養、才能……又有誰不相知呢？所以人最重要的是眞誠地活出自己，有自信，自我肯定，而不是爲別人而活。

政治豈是高明的騙術

自古以來，政壇上常顯現得很現實，彼此為了爭權奪勢，而爾虞我詐，今天可以因為利害相依而為朋友，明日又因利害衝突而馬上翻臉成為仇敵。當初或許眞有一番為國為民奉獻的大志，一旦掌權得勢，卻又利慾薰心，忘了理想的初衷，直把權位當成營私的工具；為達目的，什麼謊言都說得出來，什麼見不得人的事都敢昧著良心去做，表面上仁義道德，背地裡男盜女娼。政治齷齪如此，難怪很多人感嘆說：「政治是高明的騙術。」一而談政色變，避之唯恐不及了。

政治的現實層面雖多黑暗，其實，政治的本質卻是光明的。這是因為政治的產生，源於整個社會需要有人出來統整力量，以為全體生民解決生活上的種種問題，因此願賦予他以管理的權力，好為公眾的事務，作最有效的服務與奉獻。由於人間的事務無窮，政治所要面對的問題自也隨之無限，就一國而言，舉凡內政、外交、經濟、財政、交通、國防、教育、文化、……等等，無一不涵蓋在政治的範圍之內，可見政治的事務雜多而繁重，必須各由專家來分別承擔，各依其能力之多寡，而予他以相對的任務，權位越高，相對的政治責任也就越重，影響公眾生活層面自也越深越廣，政治有這樣莊嚴的本質，怎可說是「高明的騙術」？

儒家把人生看成是道德實踐的歷程，就上述之政治本質來說，從政更是一種極具理想性的道德實踐。試想：一個人爲了成就公眾的利益，爲了替普天下的人謀幸福，乃至爲後代的子子孫孫找出路，而甘願放棄自己當下的安逸生活享受，讓自己整天緊繃神經，案牘勞形，這樣的「享受犧牲」情操，豈不是人生踐德的崇高表現？

從政既是一種踐德，那麼要使政治不變質，就必須要時時保持道德心靈的自覺，尤其國家的最高政治領導人，更要「爲政以德」（〈爲政・一〉），以身作則，不只個人的私生活要知所檢點，不貪贓枉法，更要公平、公正、公開，用人唯才，適才適所，並且以智慧的眼光，兼顧現實與理想，依民意而不依民粹來訂決策，同時要培養恢弘的心量，廣納各方的意見，以消解自己決策上的盲點，原諒部屬無心的行政疏失，……有這種種道德心靈的自覺，政治就可不偏離其本質以運作，如此，不但可獲得執政團隊的一致配合與支持，同時也能贏得民心，而受到普遍的擁戴，所謂「高明的騙術」之類的譏嘲莊嚴之政治的話，就不會再有人說它了。

為人生而文學

人的存在，可從兩個層面來說：一是現實的存在，一是理想的存在。現實存在的人，生活上都講求情慾的滿足，物質的享受，這是人爲「萬物之靈」中之「物」性的表現；理想存在的人，雖也離不開情慾，離不開物質，但生活的重心卻放在心靈的陶養與精神的享受上，這是人爲「萬物之靈」中之「靈」性的表現，人之有意義與價值的領受，就是由這裡生發的。

這當然不是說現實不重要，人不必講現實。其實人如沒有物質上的供應，就沒有現實上的身軀，沒有現實身軀的存在，所謂精神、心靈的表現，便都流於空談。所以儒家並不鄙視現實的衣食，只是在衣食生活之外，人應更重視精神生活，以使自己的心靈能從現實中超拔，自由自主，役物而不爲物所役，這樣生活所展現的，才是「異於禽獸」之高貴可感的眞實人生。

而文學即是人自由自主心靈的一種創造。當人面對各種客觀的境物，或自身的生命情況等等有所感悟、領受，爲了捕捉那種生命的躍動，於是透過文字，生動地將它表達出來。描寫的方式：有的從正面去表達，有的從反面去襯托；有的記敘婉約，有的簡明扼要；……要之，每個作者雖有各種獨特的筆法，各有不同角度的取材（世間之客觀境物無窮，人之心靈創造無限，文學之內容自也隨之無限），然而不論它的內容如何無限，其表達手法如何創新，一切文學的創作，都不外是爲了直接或間接表達人生的眞，托顯道德的善，與創造藝術的美。道德的善生發於人之仁心的自我要求，藝術的美則是源於人之仁心覺性對事物的感通與觀照，兩者所要傳達的，其實是「善」與「美」統一之人生的眞。

人生之有眞，即因於人有普遍的良心善性在那裡表現，文學作品所要傳達的，即是這樣多采多姿的人生；有此普遍之良心善性作媒介，讀者才能透過文學作品，與作者引起心靈的共鳴，而接受作品中所涵蘊之精神的薰陶，這種忠誠地表達（作者）或領受（讀者）眞實的人生，就是孔子所謂的「思無邪」（〈爲政・二〉）之文學共性，由此可見儒家的文學觀，就是「爲人生而文學」的文學觀（唐儒韓愈「文以載道」的主張，就是從這裡說的），沒有精神生命之底蘊的作品，都不是好作品，都是沒有內容的文學，不！應該說它已不屬文學。由此可見：二十世紀初達達主義者爲反對人生而寫的那些無厘頭的作品，當然更不屬文學，只是一堆堆胡鬧而無意義的垃圾而已。

法治與禮教

一提到民主，大家必會順理成章地聯想到法治。民主如果沒有法治，社會必因利益之爭持不下，而秩序大亂；法治如果沒有民主，這種法治終必成了政治野心家假借維護社會秩序之名實爲駕馭群眾的工具，可見兩者相輔相成，缺一不可。

所謂「法治」，顧名思義就是一切以法律做爲治理國家的準繩。在民主的國度裡，一切法律之制訂、修正、刪除，都是由人民選出的國會議員來負責、監督，此中雖有些固可能是爲了部分集團的利益而訂法、修法，但攤在陽光下之接受全民檢驗的法條，終必向合情合理的方向而趨，否則那些議員就有失去支持的危機，職是之故，法律自應是越來越趨公正、周延。

然而法律畢竟只是爲了保障權益而設，權益講「爭」不講「讓」，法律之保障本質上雖在求合理、公平，卻也無形中在鼓勵人去「爭」，不管最後爭得爭不得，在「爭」的過程中，彼此必只會站在自己的立場，爲自己的好處去著想，即使自己不合理，也會設法說謊、矇騙，捏造一些有利於自己的證據，去掩飾、強辯；相對的，即使明知對方爲是，也要深文周納它爲非，好誘導法曹誤判，於是結局往往成了：老實的人有罪，狡滑的人沒罪；懂得鑽法漏洞的人占便宜，不懂法律的人吃虧。可見雖說法律之前人人平等，雖說法律可以懲罰罪惡，但在大家趨利避害的氛圍下，法律不但無以提撕人的道德自覺，反更易使人引生重重機心了。

眞要提撕人的道德自覺，莫如講「讓」不講「爭」，讓即不爭，不爭即不計較自己的權益，而只問自己如何負起當下分位上所應盡的道德義務；如當子女的，不問父母慈愛不慈愛我，我都當盡我爲人之子女的孝心，以敬奉父母；美國甘迺迪總統曾勉勵全國民眾說：「不要問國家能給我什麼，只須問自己能爲國家做些什麼。」所講的，就是這種承擔責任之「讓」的精神。人人禮讓，專注於自己的道義責任之實踐，醞釀出風氣之後，整個社會就會激發出良心的共鳴，正如台北市的捷運站，不必警察維持秩序，乘客就會自動排隊，不相推擠。當人受到禮教的薰陶，受到有情有義之社會俗尚的洗禮，就不會刻意去爲非作歹，偶然的犯錯，一經自覺，也會「有恥且格」（〈爲政·三〉），這就是儒家爲什麼要主張推行禮教，實施道德教育，從根上去求提升精神生命，好讓人眞成爲名副其實「萬物之靈」之人的原因。

永恆的自我超越

人的現實存在，是一有限的存在，正因爲有限，所以必須要不斷地學習，不斷地自我超越，以走向無限；而學無止境，人世間事不論怎麼學，永遠學不完，「無限」既永遠達不到，人可能因此氣餒，中途而廢，或只求近程目標（如求博士學位，求得一技之長等等），目標達成，就不再學了。

孔子說：「吾十有五而志於學」（〈爲政‧四〉），這暗示了我們：他之所以能「學不厭」，是從立「志」來的，所以人要求永恆的自我超越，「立志」非常重要，《論語》中孔子屢提到「志」，強調「志」，理由就在這裡。

所謂「志」，一方面心要有定向，有個目標、方向引領著我們去努力，生活便覺充實而不致茫然；另一方面要心靈自作主宰，不爲個人的成敗得失所影響，這樣才會生發強韌的生命力，而不致成了「只有三分鐘」的熱度。

人能勇往直前，不計較成敗得失，那麼凡事就不會拿別人來相比，否則比人強，就易志得意滿，而鬆懈了鬥志；比人差，也易心灰意冷，而不再努力，所以立志，須重在養志。養志之道，就是要拿自己跟自己比，今天的我，能學到一些新的知識，便是對昨日之我的一種超越；今天的我，能因做人處事上的錯誤，而得到教訓，得到解決問題的智慧，從而改過遷善，使人格長進，便也是對昨日之我的一種超越；無限的學習，就會對自我無限的超越，因此「學習」本身就是一種目標，以「學習」爲目標，爲志，一生在無限的學習之中，便是一種永恆的自我超越，所以孔子只說「志於學」，不明指志於那種目標的學，凡現實之所遇，對人生有意義有價值的東西，都把它拿來作爲學習的對象，那麼生命中就會生發一股永恆不疲的學習衝動，「志於學」的「志」，就在這之中確保，勇敢面對，不畏艱難，所以不會變質。

人要「志於學」，說易實難，這是因爲人爲「萬物之靈」，是「靈」也是「物」，所以很難完全擺脫一切外物的誘惑，心因外誘而不能定、不能靜，養志就會流於空談。宗教界主張每天打坐，定期閉關靈修，其用意就是要借以協助自己定、自己靜；以前中小學時代，學校每週都要求學生練習毛筆字，寫大小楷，其用意除了陶養書法的藝術，也在借以協助學生的心之能定、能靜，唯能定靜，心不外馳，才有立定堅強之「志」的可能。由是可知：世間很多看似不太實用的作爲，其實也是一種修養的工夫，是都隱涵有教育之意義在的。

天聽

長期以來，我們看到許多立委對官員的質詢，或立委之間的爭辯，常是理直氣壯，聲色俱厲；電視政論節目上，名嘴之評論他人，也常是冷諷熱嘲，不留情面。這樣的言論方式，固然可以譁眾取寵，引人注意，炒熱知名度，但影響所及，卻也往往把社會風氣帶進暴戾的氛圍中，以為聲大才顯理直，會吵的有糖吃，於是不論理足不足，先吵再說，人際間便因此而失去了祥和。

事理愈辯愈明，群眾的事務與權益，當然該爭也應辯，只是辯的是理，不是力，要的是以理服人，不是以力服人，既然如此，講話為什麼非得咄咄逼人，聲嘶力竭不可？辯說要符情理，要言中有物，必須要冷靜下來，否則愈辯愈大聲，失去理智，可能大打出手，就失去辯論的意義了。

辯說要靜心，要不亢不卑，說來簡單，實也不易。尤其對方不給我下台階，予我以無情的人身攻擊，如何可能不生氣？不以牙還牙？孔子「六十而耳順」（〈為政．四〉），聖賢到了六十歲的人生階段，才做到「耳順」的工夫，正見這種修養層境之不易。

人之所以與人爭辯，都認爲自己有理，而對方無理，如此，在爭辯中自忍受不了對方分說（你既無理，我何必浪費時間聽下去），即使對方爭辯，也會強行插嘴（你既理虧，就得全然聽我的），於是成了只爭不辯，終致不歡而散。

人如能了悟自己的有限，思維、見解上也可能會有盲點，就不會堅持自己必對，如是才能靜下心來，聆聽對方的看法，不管對方對或不對，至少他的見解可供我參考，從中照見問題的癥結，才易對彼此的爭點有全面、深入的理解，這樣，又如何能打斷他的話語？同樣的，別人也是一有限的存在，假如他批評我句句中肯，我就應感謝他的嚴厲提醒；假如他批評的全然是無的放矢，講的既不是針對我，又有什麼好生氣的？有了這種「天聽」的涵養（天不論放晴或下雨，都會有人抱怨；天不說什麼，只做其所當做，任人抱怨而不辯，所顯的就是一無限寬弘的心量），所以面對批評，便會聽入耳而不心動，心清澈而靈明，寧靜而自得，這正是孔子六十而「耳順」之境界的寫照。

人人有這種工夫，不理會世間的蜚短流長，那麼，天下就會邁向太平、和諧。這種「天聽」的工夫雖不易修得，但只要努力，從生活中去學習逆言順受，對自己的人格成長，是有莫大之助益的。

看命

古來世俗的人多喜歡看命，特別在窮困潦倒的時候，不只想看命，還想改運。人之所以想看命，一方面因無法預知未來，在好奇心的驅使下，想及早掌握眞相，好便未雨綢繆；一方面也因相信上天冥冥中對自己有一安排，這種安排，可以透過相命人士往吉利的方向去改造，因此花再多的錢，也願孤注一試。

儒家當然也相信命，相信上天對自己冥冥中有一安排，只是這種命的到底眞相爲何，必須自己「踐仁盡性」之後，才能完整彰顯出來，所以即使說可以改運，也要全靠自己修德踐道的工夫而後可，也就是說，掌握命運的方向全在自己，所以人不須看命，也不必向外祈求改運。

人要滿足好奇心，其實也不必看命，因爲如果眞的已得知未來，那麼對當下的現實生活便連帶會覺得索然無味。舉例來說：人如半夜起來看世界棒賽的現況直播，對賽程中的高潮迭起，便感精彩萬分，扣人心弦；知道了結局之後，清晨再陪家人觀賞賽程重播，便不如家人之有意思了，因爲既已知道結果，沒有新鮮感，也就無奇可好了。可見在人生旅途中，人只有把握每一個當下，邊努力邊體驗、探索，過程中時而嚐甘，時而受苦，它所呈顯之起起伏伏，變化萬千的成敗得失，對求結果的眞相，才會更誘引人去期待，從不斷前進中去滿足好奇心，生活便感趣味盎然了，就此而言，與其看命，不如不看。

算命有準的，也有不準的。相信不準，就不用去看了。相信準，如果看了說是未來有好命，人可能因此而鬆懈鬥志，不再努力（反正努不努力，到頭來都是祥吉）；如果看了說是歹命，人可能成天神經緊繃，無謂的慌張，反有礙於正常生活的步調，就此而言，與其看命，不如不看。

孔子「五十而知天命」（〈為政．四〉），這所謂「知天命」，不是說能未卜先知自己未來的命運，而是說知道老天一切的冥冥安排，都是在成就自己人格的成長，所以不管未來的命運如何，都應全力以赴，「盡性知命以契天」。成功，這是老天對我「努力」的獎勵；失敗，這也是老天讓我在錯誤嚐試中所賜予我的一次智慧。所以不論成功或失敗，不論好運還是壞運，我都得感謝老天。既可不計事情的成敗，不計命運的好壞，又如何須看命？

不看命，卻承認有命，承認有命，卻又不向命運低頭，這正是儒家剛健煥發的精神生命展現。

身體

純就自然生命的角度來看，人與自然界的動物一樣，只是一現實的存在，無所謂價值不價值。爲了維持生命，餓了，就找食物來吃；冷了，就找衣服來穿，成天爲衣食謀，這與獅子老虎之天天在原野中捕捉獵物以果腹，又有何差異？

人是萬物之靈，能從物性中超拔，以顯靈性，乃爲可貴，乃眞具意義與價值。這當然不是說身體（物）不重要，要展現人的「靈」性，沒有靠身體作客觀的表現，如何可能？依儒家之視「人生爲踐德之歷程」的見解，不只重視心靈，同樣也重視身體，所以才說：「身體髮膚，受之父母，不可毀傷。」身體既是踐德的資具，既是踐德的必要條件，那麼保養身體，乃原則上也是踐德的一種表現。以前忽視安危的孟武伯問孝，孔子特答以「父母唯其疾之憂。」（〈爲政・六〉）這不只趁此機會教育他要重視自己的身體，以把它用到正面的方向上去表現，其實也等同警惕世人：既然有緣生在世上，就應好好善用自己的身體來踐德，以免虛度此生。

論孝，首重在提撕子女對父母感恩心的自覺。今之父母，爲了怕孩子輸在起跑點上，常甘願自己再忙，也要替孩子承擔一切，灑掃、清洗之類的家務小事不敢讓子女做，怕他們放學回來太勞累；每天驅車接送他們上放學，直抵校門口，幫他們節省徒步的時間，好挪用它來多讀書，……凡此雖屬小事，卻顯父母的大慈大愛，子女如能體會，怎不感動、孝順？

子女除了要有感恩的心，更要以父母的心爲心。父母最期盼的，莫過於子女有一健康的身體，「留得青山在，不怕沒柴燒。」只有健康的身體，才可能造就一切，開創前途，表現德性，是以爲人子女的，生活起居都應力求正常，多運動，足睡眠，沒有急迫性的必要，不熬夜，不暴飲暴食，……就自己身體可能的承受，在不妨害健康的情況下，去作最大的努力，則事情不論成功或失敗，便都可心安理得，無愧於己，也無愧於父母，這就是盡孝道；行孝，原就是如此的自然。

「兒孫自有兒孫福」，父母順其自然，不勉強孩子一定要有超乎常人的成就（人之成就與否，自有命在，如何勉強得來？）只求子女在健康的許可範圍內，盡其所能的去努力就好，如此，子女便沒有患得患失的心理壓力，不患得患失，保持平常心，做事反而不失常，而容易成功。父母應以此爲心，爲人子女的，也應以此父母之心爲心。

孝敬

在世界上，中國人最重視孝道，也最講究孝道，所以在國人的觀念裡，都普遍認爲孝順父母，乃是天經地義的事，我國民法爲了順應這樣的傳統美德，因此明訂子女有撫養父母的義務。

法律雖有保障父母受撫養的權利，但卻無法對子女之「孝敬父母」的態度加以規範；換句話說：即使父母得到供養，子女如顯得不甘願，乃至以「嗟來食」的方式去對待父母，法律對它也無可奈何。這一方面固因於敬與不敬態度的鑑別有很大的主觀成分，一方面法律對行孝的實施細則，其實也很難面面俱到地加以規範，這正說明了法律對於人之是否要道德實踐，無法施以強迫性的限制。

其實不只法律難以規範如何實施道德，就生命學問的本身來說，也同樣難以指明人應如何去表現，這是因爲人的道德行爲源於心靈自覺，是活活潑潑的，它是生活的藝術，不是形式的教條，因此光從行事中要如何展現「敬」的表情，實也不易交代，所以孔子說：「色難」（〈爲政．八〉）。

敬是以一種莊嚴的意識來表示對對方的誠意，這種意識源於對對方之人格或位格精神之具有神聖性的自覺而來。就子女來說，因感受到父母生我，才有我的生命；父母養我、教我，才使我能正常成長；他們甘願犧牲自己來成全我，而不考慮將來能否獲報（生命無常，誰能保證必能享受回報。又豈能保證子女將來必孝、必有能力回報？）愛我而不攬為私愛（父母愛我，也要我長大後去愛別人，而結婚生子，這又豈是私愛？）這種大慈大愛，豈不是超越我執之極具神聖性的精神展現？子女能感受到此，自能持「敬」來孝順父母。

敬只是就子女對父母莊嚴的人格之心靈自覺而說，並不意味行孝要處處嚴肅以對，過於嚴肅，反使和樂的家庭生活陷為呆板不自然。老萊子「彩衣娛親」的故事，豈不又輕鬆又可愛？這哪會失去「敬」父母的莊嚴？所以孝敬講求的是心誠，而不在拘謹的外表形式，依於客觀的情境（父母當時的處境與心情，對我而言，也是一種客觀的情境），表現出相應而如理的自然，這就是最好的孝敬表現。

孔子說「色難」，難的不在表情（表情順誠心之自然，一有做作，便不自然，便不心誠），而在永久保持的敬誠；時時感恩，領受父母形上精神的神聖性，就能表現為天理流行的孝行。明乎此，便知古書所舉二十四孝的故事，只在表明孝子要有如此的敬誠心，而不是要我們盲目去摹仿他們的行孝模式。

活讀、死讀、白讀

有鑑於國人功利習氣愈趨嚴重，道德意識日益式微，政府遂鼓吹民間推動讀經運動，希望人人自小受經書薰陶，以醞釀出向德的社會俗尚。這種立意甚佳的政策，沒想到遭有心人士反對，竟引喻失義地說秦檜、嚴嵩等等飽學經書之士，還不是照樣陷害忠良，貪贓枉法，可見讀經無用之類的話。

經講的是常道（如四維八德等等），常道之所以為常，之所以能超越時空而為永恆的普世價值，就因於它是順著人人本有的良心善性來講的，所以反對讀經，就等同反對普世價值，反對四維八德，反對良心善性，這樣的反法理性嗎？

讀經的用意，只是協助我們省去盲目的摸索，減少錯誤的嚐試，而直取聖賢處世的智慧結晶，借由它來成就我們的人格，使我們做事更圓融，生活更具意義，生命更能展現價值。而經的本質是邀請，它引領我們走正路，人要不要接受它的邀請，這是人的自由，沒有絲毫的強迫，這正顯「為仁由己」之道德實踐的莊嚴性。

想要正常為人，都該讀經。而讀經有三類：一是活讀，二是死讀，三是白讀。人不只能吸收經典的精義，且能消化它爲自己成長的養分，在生活中，不只能從做中覺，也能從覺中做，時時以自己的言行印證所學，乃至超越所學，發揮經裡的蘊義，而展現獨特的人格風采，讓人眼睛一亮，驚嘆平實的「道」中，竟有如此高貴可感的道德創造，這就叫「活讀」，孔子讚嘆顏回的表現，說他「亦足以發」（〈爲政．九〉），就是這類的典型代表。

至於「死讀」，這類的人只會把經學所講的，拿來當教條墨守，在生活中只認眞「做」，而不認眞「覺」，只知事情的意義與價値，而不知面對多變的客觀情境，作相應的制宜，終使一件原本的美事，扭曲成憾事，以前尾生盲目的守信，今人過度信任人，爲人作保而致落得賠盡家財，都因於「死讀」所造成的苦果，孔子強調六言六蔽，就在警惕人切勿「死讀」。

最後說「白讀」。這種人只拿飽學經書當謀求利祿的敲門磚，而不當它爲進德修業的瑰寶，他無心接受經的邀請，所以在生活中，自也不做中覺，不覺中做，表面上仁義道德，背地裡男盜女娼，這種經是經，我是我，經我兩隔，這就叫「白讀」，秦檜、嚴嵩等離經叛道之徒就屬這種類型的人物。

對於經，我們要自勉活讀，不要死讀，更不要白讀。

無限性與主動性

細讀《論語》，會讓我們領受到：原來儒學雖以仁人聖人作爲道德人格修養的最高理想境界，但在現實的存在面上，孔子其實只教我們學習如何去做個君子，所以在書中，孔子屢屢提到君子，也常常用「小人」（指一般渾噩過日子的世俗人）來旁襯，拿他們的心志、態度、行誼……等等各方面來作比較，好讓人辨識怎麼樣的存心與表現，才算是君子。

「君子不器」（〈爲政．十二〉），這是孔子在《論語》中表述「君子」最爲簡賅的一句話，它的意思是說：君子不要像器具那樣只具有限性和被動性，而要展現出人本來應有的無限性與主動性。

世間的器具，它的用途都是有限的，比方鉛筆只能書寫、繪圖，碗盤只能裝湯、盛菜，很少還有其他的用途；而人在氣質上雖也是有限的，但心靈只要能自覺，便可通向無限。舉例來說：一般人爲了謀生而學一技之長，學成、就業之後，很容易只執此所專，除非逼不得已，便再也不想去學其他的，這就是一種自限。君子則不然，他覺得只要能充實人生的，便都有價值，都值得去學習，所以除了須擁有一兩樣謀生的專長之外，他還會學習其他的，乃至遇一事，學一事，無所不學，學無止境，這就表現出了無限性。人無限的學，從學中獲得無限的知識與智慧，就不會凡事囿於自己之所專，而懂得去通觀全局，整合各種有利的條件，去對事情作最適切、最圓融的處理，不本位主義，不囿於自己的立場，而以萬變應萬變，這就是一種無限性的表現。

今世科技昌明，儘管可以創造一些自動化的器具，但器具之如何運作，還得全然依於人所設下的程式去進行；也就是說，器具只爲人所用，而不能自作主宰，這就是所謂的被動性。就道德實踐上說，人如能提撕心靈的自覺，就可超越人我的對立，從「講求自我權利」中超拔，而領受到人際間原來就有一種互敬相愛的情義在；爲了表達這份情義，且不論對方目前對我好或不好，我都願意先以最誠摯的心去盡人間應盡的道德義務，所以對上司，我當先表達忠，對父母，我當先表達孝，對子女，我當先表達慈，……一切的踐德表現都先由自己出發，而不問自己是否可以獲得應得的回饋，這就是君子所展現之高貴可感的主動性。

眞的，人能時時保持道德心靈的自覺，表現無限性與主動性，不斷自我超越，那麼求仁求聖就在其中了。

民主的素養

「民主」無疑是人類在政治史上的進步象徵。政治原本就是爲民眾服務、奉獻的公事，要用誰來領導，用誰來爲人民服務，透過選舉，由選民自己直接作決定，這是最能表現民意的。

理想的民意，實代表著天意。天意就是循天理所展現的意念，天理在良心，因此所謂天意，其實也可說就是良心的意念。良心無偏私，大公至正，由這樣的民意來選舉，當選的理應是候選人中最爲理想的人物，然而落到現實中來，未必就能如此，這之中，最大的原因，就是選民用的是民粹，而不是民意。

所謂民粹，簡單地說，就是不理性的民意，一切都從自己的立場去考量，都從自身的利益去決斷。從自己的立場去考量，便無法明辨眞正的是非，從自身的利益去決斷，便不能大公無私。不同的民粹選民各擁其候選人出來角逐，這樣，選出來的，便只是民粹的政治人物，沒有眞正的民意來支持，這樣的民主終究還是病態的民主。

要建立健全的民主，最重要的，就是人人要培養出民主的素養，「君子周而不比」

（〈爲政・一四〉），這「周而不比」，正是重要的民主素養之一表現。

對任何人能普遍親厚（周），而不勾結營私（不比），就可從中培養出寬弘的心量，與遠大的眼光，那麼，在選舉時，就會從候選人的政見中，客觀地分辨何者才是對整體國家的發展最有利，何者最可能在當今處境的許可下落實，而少有後遺症，何者才眞能造福全民，乃至最能爲後代的子孫著想，不致只爲爭取短視近利之群眾的選票，而亂開支票。……有如此之眼光與心量，就能捨棄一己之成見，而不會因爲候選人是自己的親朋好友就盲目去支持他，因爲選舉的眞正意義在爲國舉才，不在聯誼私交，自己的抉擇足以影響家國天下，本質上就是「神聖的一票」，怎可不愼重？

人人有此民主素養，候選人見無謂的詆毀無益於爭取認同，就再也不敢蓄意抹黑；見畫餅充饑的施政藍圖不能迷惑大眾，就再也不敢妄作政治承諾；見耍各種競選噱頭都無助於選情的加溫，就再也不敢譁眾取寵。只有眞誠踏實，才能贏得選票，就會促使候選人自勉爲政治家，而不做政客，如此，民主豈不更上軌道？

眞要使民主健全而無弊，必須講求民主素養，人人有德，「周而不比」，就會使民主素養提升，可見民主社會尤要講道德，儒學絕不是落伍的生命學問。

善思

今日台灣教育的最大通病，在於只重視灌輸，而忽略啟發。因此從小學到中學，學生往往只問吸收，不講消化；只懂得局部，而不知整體；只識取零碎的知識，卻無法通貫、聯結起來活用。正因爲如此，所以儘管國中三年所學的英語單字、句型，足以應付簡單的日常對話，但大部分的學生唸了六年的中學，除了「早安」、「您好」、「謝謝」、「再見」等等幾個片語外，幾乎什麼也說不出口來；數學只求熟記公式，加強演算，卻不知公式之所由來，及它所要表達的意義，因此一有題型上的變化，便不知所措；歷史只記相關之人、地、時、事、物的片面發生內容，卻從不自事跡中去領受它所給我們的人文啟示，……凡此種種，都說明了當今之學子，只是一部學習的機器。處處爲死板的知識所桎梏，便提撕不起活潑的心靈，於是學習作文，只會順著老師的提示方向去表述，而沒有自己的創見；參加課後輔導，只依賴補習班老師所給的答案去記誦，自己卻不知如何尋找重點；成天爲補習忙碌，參考書背得滾瓜爛熟，腦子裡對整體的概念卻仍一片空白。

「學而不思則罔」（〈爲政・一五〉），眞的，假如我們的心靈停在睡眠狀態，便會成爲所學的奴隸，學習反成了我們思維上的障礙，就好像有一樣東西擋住了我們的視線，無法使眼睛看遠一般。凡事順著所學走，很可能在無形中造成了錮蔽與偏見而不自知，乃至自恃其學，而輕忽、鄙視他人別種領域的成就，這樣，反使人生的道路越走越狹隘。

人的心靈是無限的，學習本質上可以加大加深思維的空間，好引生心靈作更多更美的創造，問題就在人思或不思。美國蘋果電腦公司之所以會有不斷推陳出新的產品問世，就因爲創辦人賈伯斯的團隊善思，善於整合現代科技，來滿足消費者使用方便的需求；有些科技公司只會一味模仿，不知從別人成品的缺失上，再求研發、突破，最後自然落伍而遭到了淘汰，可見知識教育，「思」甚重要，心靈能活潑起來，能善思，就能善用所學，而不爲所學限制，這樣才能開創日新月異的知識。

品德教育除了學，更要重「思」，自小我們雖應從灑掃應對進退中培養好的生活習慣，效法賢者的嘉言美行，但也要懂得善用心思去權變，因人因事因時因地制宜，這樣才不會固守老實而吃虧上當，因勤勞過度而傷害健康，……，總之，有活潑的心靈，才眞能有合宜的道德創造。

心誠則靈

人有兩種現實的存在：一是身體的有限存在，一是心靈的無限存在。由於身體的有限，所以人無論如何養生、保健，最後都逃不了死亡；人不甘於死亡，不願自己永遠就此消逝，於是無限的心靈就創造出了一個永恆的極樂世界，好讓人在無奈地拋開現實世界之後，可以進駐到那裡去永生，去享樂，所以人雖然會死，但可不必怕死，在現實生活中雖會受到很多痛苦、挫折與失望，我們的心靈仍然可因有了終極的寄託而獲得撫慰。世間的各大宗教就因人類有這樣的心靈需求，因此運應而生，儘管教主不同，教義不同，宗教的儀式不同，所講終極寄託的地方與情境也不同，但還是各自吸引了大批的信眾。

除了從理想性去追求永生，宗教還講神力，借著它，可以使現實上的個人，得以消災解厄，保佑平安，讓事事順遂如意。很多人就因爲有祈求而如願的經驗，所以相信神有現實客觀的存在，且其法力無邊，有求必應；爲了安定現實生活上的「身」，於是皈依了宗教，成爲虔誠的信徒，可見世俗的宗教，不管現實性的「安身」，或是理想性的「立命」，對人的心靈，都起了很大的安頓作用。

儒家不肯定神的客觀存在，卻也不否定其存在，而是置祂於「神明不測」之中，因爲這是人的理性所無法眞能證得的。舉例來說：如果說祂不存在，何以有時祈求會靈驗？如果眞存在，且法力無邊，何以人祈得平安之後，無法活到永久？正因爲神在似有似無的弔詭之中，辯也辯不出個所以然來，因此孔子不跟人討論鬼神的事，以免浪費無謂的時間。

儒家雖對神的客觀存在不置可否，卻肯定神的主觀存在，不從肯定神力去祈福，卻從肯定神性、神德去求與祂感通。也就是說當人祭祀天地的時候，他會念及天生萬物，地長萬物的偉大神性，如果沒有這種神性、神德，人又如何能存活在世間？當人祭祀聖賢的時候，他會感恩他們嘉言懿行，爲世道人心立下不朽的道德典範；當人祭祀自己的祖先、父母的時候，便會思及他們生前生我、養我、教我的恩情，這種由心靈感念而生發的崇德、報恩情懷，已使神實然存在於祭祀之中，如在我之前，如在我之左右，這就叫「祭神如神在」（〈八佾．一二〉）。

眞的，心誠則靈，人如能於祭祀時，心中升起感恩戴德之情，神就眞實地存在我心中，而我也因神之與我同在，使道德的情感獲得實質的安頓，道德的意識也因此而提升，這樣的祭祀才更顯得有價值與意義。

人性化管理

儒學所講求的，就是要把我們過慣了的「自然人」生活，轉化為「文化人」生活，而「禮」的表現，正是「文化人」生活最大的特徵，所以儒家很重視它。

所謂禮，就是人本著良心善性恰切地展現於外在的種種文采。展現在器物上的叫禮物，展現在生活儀態上的叫禮儀，展現在組織、制度上的叫禮制，……要之，在良心善性恰切的點化下，一切的外在文采，都呈現著藝術的美，展現了各種意義與價值。

由於良心善性與生俱來，人人皆有，所以任何一種「合於禮」的表現，都可借著它來感通彼此的心靈，因此我們可以說：言行舉止、事事物物的表現，你我的善意相互通得過去的便是禮，通不過去的，便不是禮。平日笑臉迎人，輕輕點個頭打招呼，而獲得對方正面的迴響，是禮；帶點小禮物去探望生病的親朋好友，他會覺得受到關懷而欣慰，是禮；公車上讓座，長者覺得受到尊重而窩心，也是禮；……禮使人的恭敬之心、辭讓之心充分客觀化、具體化，而容易讓人感動，所以具有教化的功能。

「君使臣以禮」（〈八佾・一九〉），這是國君對下屬所表現的恭敬、辭讓心，國君體識到一人之力有限，無法獨自負起成就全民生活福祉的責任，必須仰賴下屬各部門的協助來完成，他就會謙卑，敬重每個職位之「位格」的尊嚴；他領受到自己原來與群臣就是「共同爲了成就公事，服務、奉獻人群」的「同事」關係，職位上雖有上下統屬的區別，其實實踐政治理想的公心都是一致的，所以道德人格是對列的平等，都應該尊重；當他更想到群臣默默耕耘的總成果，都在彰顯國君一人的政績，這種「隱己顯人」的坤德，值得感恩與敬佩，他的使喚便更會以「同事」之禮來使喚，而不是奴隸性質的使喚，這種求「以心交心」的「人性化管理」，最易贏得群臣眞心的擁戴，與其盡忠職守的回報。

「人性化管理」不只政府部門要講求，今日社會各民間團體也都應重視。組織中成員之勤惰等等工作績效考評，固然都有所屬機關的法規來規範，但與其因於被動地受外律的制約而努力，不如讓大家在「感覺受尊重」的氛圍下，生發主動的向心力，願意「鞠躬盡瘁，全力以赴」，來得有績效，眞的，工作心情好，較能減輕壓力，也較易誘發心靈的創造力。

總之，「君使臣以禮」，就是「人性化的管理」，這是大家所嚮往的現代化管理。

情緒的管理

今日的社會，也許因於各種生活的壓力，感覺上人心浮躁，怨怒充斥，這種現象，處處可見：行車中，碰見有人超車，便追上理論，一言不合，就大打出手；情人交往，發現對方個性難容，要求分手，竟威脅毀容、共亡；尤其一些當紅的政治人物，爲表現自己的率直，只憑「聽說」前朝工程有弊，便口出「給你死」之類的粗暴言詞；……凡此種種，說明了現實社會，大家普遍欠缺自我情緒的管理。

儒家講的道德涵養，首重在性情的陶冶，提倡詩、禮、樂教，目的就是要讓人從中潛移默化，使心靈回歸和諧平靜，這樣，自然就會增強耐挫力，而理性面對現實，讓自己有效管理自己的情緒，使它發而皆中節。孔子的詩教，首舉〈關雎〉爲例，要人對情愛的挫折，應「哀而不傷」（〈八佾・二〇〉）。不如意而有「哀」，這是人之常情，只是在「哀」的同時，要清醒自己，懂得節制，不只不能因悲哀過度而自殘傷身，也不可以由悲哀轉爲無明的怨恨，用傷害對方乃至無辜的他人，作爲情緒宣洩的出口，近年台北有位失意青年，手執利刃，在捷運車箱上，不分青紅皀白，見人就砍，殺害了多名無辜的乘客，就逮送法院究辦，還一幅漫無所謂的冷酷模樣，這種因欠缺情緒自我管理而釀大禍，想來不禁令人心寒。

所謂「情緒管理」，不是要我們不能有哀，不能有怒。性情的陶冶，只是要我們哀所當哀，怒所當怒，學習讓自己的心，如明鏡一般，對象是什麼，就如實地照見什麼；對象消逝了，心便空無所照，回復平靜。有這樣「物來則順應，無物則不應」的涵養，就不會延伸出不必要的情緒發洩，而使事情複雜化。近日有一位曾任中央級高官的藝人女兒，因遭到網友的抹黑，結果想不開而自殺身亡，喪家不但沒有放話追究，還安慰前來弔唁的親友，並感謝各界的送暖，不但沒有呼天搶地，怨天尤人，面對媒體時，還請大家要正視言語霸凌的問題，別讓類似的悲劇再度發生，這樣化哀傷爲力量，既悲憫又冷靜的態度，正是情緒能高度自我管理的寫照，很令人感佩、動容。

挪威奧斯陸不久前發生過凶手一天瘋狂殺害七十七條人命的慘案，他們選擇理性面對，沒有政敵趁隙挑撥，製造社會的對立與動盪，展現了文明大國的典範，我們當前的浮躁社會，不也正需要學習他們的精神，多下「情緒管理」的工夫，好建立起和諧的人際關係嗎？

生活的美感

農業社會，地廣人稀，爲了承繼累代的耕作方式，好過安定的生活，人人大抵都會持懷著「安土重遷」的保守想法。由於打算要長久住下來，與鄰居成爲永久的朋友，加上婚喪喜慶等等人生的大事，需要仰賴彼此的關懷與協助，大家平日自然都會經常聯絡情誼，打成一片，而營造出「敦親睦鄰」的社會樣貌；在相親互愛，宛如一家人的氛圍中，鄉里無形中培養出仁厚的風俗，的確爲人際間醞釀出了一種生活的美感。

到了工商時代，人的生活形態大大的改變，社會多元化的結果，大家再也不會「安土重遷」，反倒是各憑本事，離鄉背井，出外打拚，有了積蓄，然後就工作所近的地方購屋，建立小家庭。不論住公寓或透天厝，平日由於各忙各的，家家鐵門深鎖，很少與鄰居來往，加上婚喪喜慶之事，在社會上都已有相關的專門企業人員包辦，誰也不必協助誰，因此所謂「敦親睦鄰」的美德，便也不受重視，彼此之間的關係日趨淡薄，沒有互動，這種欠缺人情溫暖的社群生活，不免讓人覺得黯淡乏味。

不相互關懷也就罷了，怕的是人情的冷漠，日益轉化爲冷酷，生活中稍有干擾之事，不坐下來好好溝通，以求諒解，便怒髮衝冠，指責漫罵，乃至一紙告上法院，大家撕破了臉，每天碰面，任誰也不舒服，由是心中泛起儘早搬家的念頭，好便脫離痛苦，這種氛圍，想要追求「里仁爲美」的居家品質，簡直緣木求魚。

現實社會，如果人的功利習氣不改，自我意識太強，再怎麼搬家，其實也不必定能找到永久美好的居住環境；好不容易尋得合意的鄰居，幾年之後，沒料到基於個人的因素，他又賣掉房子，遷往別處，而新搬來的，竟然又是難相處的人。「山不轉，路轉；路不轉，人轉」，別人不轉，就自己轉，與其向外求好環境，不如回過頭來，從自己內心深處去求。所謂「里仁爲美」（〈里仁．一〉），在可遇不可求中，能找到好鄰居，固是一件美事，但能化被動的「應」，爲主動的「感」，讓自己的心能時時存仁，凡事先要求自己，調適自己，多從正面看人，而不急著想去改變別人；心歸於平和，才易理性面對問題，找出圓融解決之道，鄰居相處，能化暴戾爲祥和，這豈不更是創造「生活美感」的絕對保證？

眞的，「充實之謂美」，美是仁心創造出來的，所以要向內求，不是向外求，人人求諸己，生活的美感就會時時呈現在心中。

小聰明與大智慧

每個時代，都有人犯罪，知識越發達，犯罪的形態越趨機巧。以食安爲例：一些食油生產業者，爲了降低成本，謀取暴利，便無所不用其極地把劣質油乃至不可食用的工業用油、餿水油等等，經過精密加工，矇混成高階食油來販售，他們聘用專業人才，進口先進設備，用高超的技術，騙過相關食安把關單位的稽查，並以「掛羊頭賣狗肉」的方式，大剌剌地貼上前所核准過的「國家食安認證」標籤，找狀況外的名人來代言，以博取消費者的信任，幾年下來，賺翻了財富，卻傷害到廣大無辜群眾的健康，最後東窗事發，身繫囹圄，不只砸壞了自己的招牌，賠掉了所有家財，讓自己長久辛苦耕耘來的事業毀於一旦，也同時讓國家的形象嚴重受損，這樣無法無天的行爲，媒體的報導卻美其名爲「智慧型犯罪」，聽來實在噁心。

這類奸狡的犯罪手法，其實只是耍「小聰明」，哪稱得上是「智慧」？聰明與智慧不同：前者是指人有靈敏的天資（如記憶力強、理解力高、想像力豐富、反應力敏捷等等），但做事不把它用在把握人生的大原則上（所以才叫「小」聰明），只用在鑽營巧門，投機謀取暴利而已；後者的天分雖不必定靈敏，但他有恢弘的胸襟，有遠大的眼光，有強烈的理想價值意識與使命感，做起事來，他會抓住人生的大原則，懂得權變，以求圓融地解決問題，卻不會投機取巧。換句話說，有德的人才可能有大智慧，沒有德的人，頂多也只是要小聰明而已。

有智慧的人，不是不要利，他所求的往往是大利、遠利，而不是小利、近利。近年有一位創辦湯姆斯品牌鞋公司的美國人麥考斯基，他為了送鞋給窮困而需要的人穿，發起了「賣一捐一」的公益運動，結果引來了全世界善心人士的熱烈迴響，他的事業蒸蒸日上，儼然已成為出名的社會企業，九年的行銷經驗，使他深深感受到「當我想幫人，別人就會給我無私的幫忙。」因此有很多同業，願意主動設計鞋子，和他合作，上萬客戶也默默為他作行銷宣傳，可見能結合社會公益，起心動念往前走，就會遇到很多天使的陪伴，而讓企業不斷壯大、發展。

孔子說：「知者利仁。」（〈里仁・二〉）智慧是成就仁道的利器。麥氏「賣一捐一」的公益鞋，實質的獲利也許很少，但積沙成塔，持久而廣大性的薄利多銷，不只會為他累積大財富，也普遍地為天下之窮人帶來歡樂與溫暖，所以是大利、遠利。他這種商場的大智慧，值得「小聰明」的企業主效法、學習。

理性的仁慈

近來台北又不幸發生了一起八歲國小女童在廁所被割喉身亡的慘案。據報導，凶手由於以前在校期間的人際疏離，職場及交友上所遇到的挫折，使他產生反社會的心理。又因平日常有被譏笑「無能」的幻聽，爲了擺脫這種困擾，他曾想要自我了斷，卻又下不了手，只好隨機找八歲的女童犯案，希望借此遭處死刑，好便消除心中的壓抑，是以當法官開庭時告知女童已死，他不但沒有絲毫悔意，反以極爲冷漠的神情回道：「這正是我所想要的結果。」聽來令人不寒而慄。

案發之後，又引起了社會各界一陣「應不應該廢除死刑」的激辯，贊成廢死的一方，他們大抵持這樣的看法：一、每個人所擁有的生命權，應受法律保護，判犯案者死刑既無法挽回受害人復生，爲什麼還要再無謂地剝奪一條人命？二、每個人的生命都是獨一的存在，誤判錢財，可以補償，將來若發現冤判，又如何讓已執行的死囚復生？三、自古以來，被執行死刑的人無數，犯重罪的人仍有增無減，足見沒有「以儆效尤」的成效。四、人性本善，凶殘的行爲或因於一時的情緒失控，在獄中好好施教，也許可以使他改邪歸正。

這種冠冕堂皇之高度理想性的見解，當然言之成理，但反對廢死的一方卻認爲：一、每個人既都有生命權，那爲何凶手卻不尊重被害人的生命權？爲何反要公正的法律去保護剝奪別人生命者的生命？這種委屈好人，保障壞人的作法，豈是人間合乎情理的「人道」？二、人命關天，判人死刑，當然要有充分明確的具體證據，不可草率，除了對疑點的調查，釐清了乃能三審定讞外，事後如發現新的疑點，仍可申請非常上訴，且暫不可行刑，法治越進步，自會有更周延的方式，以爲救濟，豈可因極少數的特案，而要求所有惡極的罪犯一律免死？三、人不是神，永遠都會有過，廢不廢死，都無法保證往後的惡極案件不會再發生，但正常的人普遍都有惜命怕死的本能，不廢死刑，自會有相當程度的「以儆效尤」作用。四、犯案人既泯滅天良，罪大惡極到簡直已不是「人」，他自應爲自己負責，爲犯行付出生命的代價，爲了伸張人間正義，法律自不應再給「簡直不是人」的「人」更生的機會。

「唯仁者，能好人，能惡人。」（〈里仁・三〉）儒家大抵也持上述反對廢死的看法，畢竟我們活在現實的人世，不在理想的天國，只能理性的仁慈，不可按捺性情，硬生生地把無限的博愛，套在有限的人間，而虛矯地想當起上帝。

抉擇的藝術

人世間的事，很難有絕對的完美，顧此則失彼，顧彼則失此。以近日發生學童割喉慘案所衍生之國小圍牆應否拆除，及家長應否接送孩子上下學的議題來說，就很難讓人作完美的抉擇。拆除圍牆固可營造開放友善的環境，擴大附近居民活動的空間，以達到校園社區化的理想，卻也因而讓一般閒雜人士輕易進出校園，造成師生教學乃至人身安全問題的困擾。家長親自接送孩子上下學，固可照護到孩子的人身安全，卻也因而容易養成孩子的依賴性，減少了他們獨立自主的能力。總之，有利就有弊，如何才能恰當的面對，很需要有處事的智慧。

恰當的面對就是義。「君子之於天下也，無適也，無莫也，義之與比。」（〈里仁・一〇〉）「義」有兩個性質：一問事情的應不應該，二問作法的合不合適。就上述兩個事例來說，追根究柢，學校的設立，原本就以「教育學生」為主要目的，優先顧慮到師生教學及其安全，比為敦親睦鄰而開放為友善環境的附加價值，來得更應該；在作法上，自應以加高或強化圍牆設施，以防攀爬，加強門禁管制為宜；如果方便，在許可範圍內（如上學前或放學後的兩個小時），再開放校園，以利居民運動，也可達到睦鄰的目的；相對的，如採拆牆方案，勢必要加派很多維安人力，且一旦有突發事故，恐更難防制，可見這樣的配套，不符成本與效益。再就應否接送孩子上下學的事例來說，除非有特別情況（如學童殘障等或受恐嚇之類），一般而言，家長陪同一段時間，讓孩子熟悉路線、路況後，就應讓他自行上學、回家，不能為了如割喉之類之極低的事發率而擔心，就六年接送到底，與其如此，不如教他多留意各項安全，及如何應變事故的能力，如此不但可以免除家長勞累，孩子也可從中獲得獨立自主的人格成長。

當然，上面的作法，只是針對一般性而說，遇上特殊，便應有特殊的作法；而世事無常，即使有周密的配套，誰也無法保證一定沒有弊害，換句話說，無論我們選擇怎樣做，嚴格地講，都也可能是一種冒險，我們只能依照當下有限的主觀（自己的情況）、客觀（外在的情況）條件，選擇最合適的去作理性的冒險，依事情的變化，隨時調整自己，隨時增減配套，乃至配套中再找配套，不絕對要這樣（無適也），也不絕對不要那樣（無莫也），不被自己經驗的模式所限，依理性選擇當下最相應的方式去做（義之與比），好讓事情逐步走向功之路，這才是處事的智慧，才是抉擇的藝術。

典範

澆薄的社會，由於功利心習的泥重，一提到道德的重要，便常會被人嗤之以鼻地回道：「道德一斤多少錢？」其實，人性本善，社會越現實，越有機會讓人展現生命的光輝，而爲世人樹立起道德人格的典範。

東台灣交通一向不便，大部分地區還是窮鄉僻壤，由於生活機能的便利度，與大都會差距甚大，且不易有事業上的發展，絕大部分之有特別熱門專長的人，都不願待在那兒服務，即便願意，也多屬暫時性的，一有高就機會，往往選擇離開，到大都會去發展，要堅持到底，不畏艱辛地爲資源缺乏的地區服務，還眞要有極大的道德勇氣。

一位現年八十二歲的瑞士籍葛玉霞修女，到東台灣服務逹半個世紀，長年擔任居家護理（就是到重症患者家協助理傷口、換氣切、鼻胃管、導尿管、復健……等等的工作），騎車穿梭於台東偏遠的窮困鄉里角落（後來調回醫院），服務阿美族，探視無助的病患，如今因年邁體衰，無法再工作，爲了不想給台灣負擔，決定回瑞士養老，臨別前還說：「感謝台灣人願意讓我照顧，我眞的很愛台灣。」這種「只求我爲人人，不想人人爲我」

的恢弘情懷，令人動容。

無獨有偶，花蓮門諾醫院黃勝雄醫師也將退休，從前，在一次偶然的際遇裡，聽了門諾醫院前院長說「台灣的醫師去美國很近，來花蓮卻很遠」的一席感慨話，心有戚戚，便毅然辭去美國醫學院的教授職務（當時他是美國腦神經外科權威，曾任雷根總統的隨行指定醫師，正值人生的黃金巔峰期），說：「如果爲了高薪而留在美國，我就是沒有靈魂的人。」肺腑之言，付諸行動，在花蓮服務，一待就是二十二個年頭，直到現年七十七歲，滿頭白髮，才想到再回美國與兒孫團聚，重溫晚年的天倫之樂。

「君子懷刑，小人懷惠。」（〈里仁‧一一〉）葛修女與黃醫師無私無我的奉獻，無怨無悔的付出，只問自己如何散發人生的光輝，絲毫不居功，也不求回報，這種用生命愛世人的義舉，足堪爲現實社會道德實踐的典範。對比於斤斤計較如何從政府那裡爭取到更多好處（如養老年金、老農津貼）的芸芸眾生，我們能不自覺心小，而感到愧怍？

這世間一定還有很多默默耕耘，不爲人知的踐德典範，期待媒體多去挖掘、報導，能振聾發聵，我們的社會才會醞釀出積極上進的正面力量。

奧客文化

這些日子，很多媒體似乎不約而同地刮起了一陣討論「奧客文化」的旋風。所謂「奧客」，指的是在群體交往中，不管有理沒理，不但處處不讓自己吃虧，還想盡辦法占便宜，以爲持懷這樣的「唯我獨尊」，把對方壓下去，才顯自己吃得開，才是王道。

這樣的例子隨處可見：有一位消費民眾，要聽高品質的音樂會，只捨得買後面一般座的便宜票，等到開場後，眼見前頭高價位區仍有很多沒人坐的空位，不請就搶著去坐，相關人員勸阻他，不但不覺理虧羞愧，反冠冕堂皇地回道：「反正位子空著也是空著。」又有一位微帶酒氣的壯漢，到便利超商一口氣買了十幾個便當，眼見店員忙得不可開交，仍威脅他得馬上爲他微波加熱，否則會給他「好看」；更誇張的是，一位山難失蹤的登山者，警方出動了幾十個人次，花了幾天工夫搜尋，仍找不到他的下落，結果另一隊救難山友，才用了兩小時就找到人，家人氣憤難消，就怒告警方怠惰，要求政府國賠；救人原本是「義舉」，登山具高危險性，安危本也應自行負責，如今不但沒對「沒有功勞，也有苦勞」的協助單位感激，反莫名其妙地陷它爲被告，還意圖從中撈些好處，這種「得了便宜又賣乖」的行徑，想來不禁令人搖頭嘆息。

「君子喻於義，小人喻於利。」（〈里仁・一六〉）懂得視對方爲目的，而不視之爲工具，就會彼此講情義。店家感謝顧客的惠顧，自會熱心服務；顧客感念店家的熱誠，就會設身處地想到它也有服務上的限制，是以要享受更好的商品，自應當付出更昂貴的代價；而人多事忙，我與其他排隊的顧客「位格」既都平等，憑什麼可橫柴入灶，強要店家一定得優先爲我服務？同樣的，如能領受到個人的身家性命、財產的保障及各項日常生活的便利，都直接或間接因於社會、國家的服務，就會生發「不要問國家能爲我做什麼，只問自己能爲國家做什麼」的情懷，哪會自命爲「太上」百姓，苛求政府一定要爲自己作無微不至的服務？「人民是頭家」、「以客爲尊」，這是店家與政府爲顧客、人民所當自許的服務態度，顧客、人民自也不能因此順勢膨脹爲「唯我獨尊」，眞要它們作牛馬；合情合理的權益，固然要維護，好便討個公道，卻不能有「踩它們於腳下」的傲慢，尤其當過錯出於非故意，或限於現實艱難的無奈，則更應多予同情、體諒，乃至願自己吃點小虧，而予它們以正面的鼓勵，人間有情義，就不會有「奧客文化」的產生。

贏家

不管想在中央或地方主政，「選賢與能」無疑是每個人嚮往的政治理想。有賢，他才會一秉公心去從事政治的公事；有能，他才會克服艱難，讓政事獲得圓融的解決。賢與能，原本就是一無盡的涵養工夫，所以一個賢能的人，往往不自認爲賢能，儘管有滿腔的政治理想與抱負，他仍不敢有爭著爲政的念頭，因爲他知道從政是一種艱難的神聖承擔，如果表現得不好，會誤了社會、國家，傷害到全民的生活福祉，是以上位者要提拔他，他反而推辭不敢接受，以前堯再三要禪讓帝位給舜，劉備請孔明擔任國師而三顧茅廬，最後兩人之所以勉強接受，都只因於受到主上眞誠心的感召之故。

功利的社會，眞要有「禮讓爲國」的賢能之士已不多見，退而求其次，能持懷「見賢思齊焉，見不賢而內自省」（〈里仁·一七〉）之態度去參選的，已算難能可貴了。民主時代，雖然全民是主子，是「頭家」，然而由於大部分人民主素養不足，缺乏理性，只有盲情，很容易被參選人的說謊、抹黑、攻訐等等伎倆所矇騙，心中雖想「選賢與能」，卻一再選錯了人，於是一次次原本對候選人從競選到執政的過程充滿著希望，結果不管政黨如何輪替，卻仍一次次讓希望落空，覺得誰來執政都一樣爛，很多選民對政治因此產生了冷漠、厭惡感。

民主政治的品質要好，一方面固要選民民主素養的普遍提升，一方面也要參選人的言行表現，起正面的帶頭作用。以總統參選人爲例，除了要效法前賢的美好政治風範外，在政見上，更要針對當前國家的急切問題，依現有大環境的困限，坦坦白白提出有效且合宜的解決方案，諸如兩岸如何互動，教育如何改革，經濟如何發展，能源政策如何規畫，社會失業及貧富差距如何處理等等……不妄開政治支票，也不爲了怕得罪任何一方，流失選票，在戰略上刻意迴避或保持模糊，尤其不複製愛台／賣台、本土／外來、權貴／平民……等等「貼標籤」的奧步，以免無謂地造成社會的尖銳對立，與人際間互信的瓦解。

在當前絕大多數沉默選民厭惡極了的傳統「台式選舉奧步文化」氛圍下，參選人只要正直、眞誠而明確地表達自己中心思想，與治國理念，不仿效過去種種奧步選舉伎倆，光明磊落地打一場選戰，即使敗選，也輸得心安理得，無怨無悔，如此，反易普遍引生人心的共鳴，即便「逆轉勝」無望，也會爲下次大選累積力量，能爲台灣建立起健康選風的標竿，在歷史評斷上已是贏家了。

教育的主體

社會的進步，國家的發展，都要靠人才，人才的培養需靠教育，教育的目的，就在成就學生，使他在「德、智、體、群、美」各方面，都能獲得健全的成長，而成爲社會、國家有用之才。可見教育是以學生爲主體，教師只是協助成就學生的客體而已。

學生是人，凡人都有本然的善性，也都有各種不同之等待開發的潛能，爲了充分發揮「適性揚才」的教育精神，所以孔子期勉所有的老師，都要抱持「有教無類」（〈衛靈公．三九〉）的情懷，不問學生貧富、智愚，也不問學生的身世、性別、年齡，……都要一律誠心教導，沒有棄才，沒有所謂的「放牛班」，本著這個態度，才能盡教師應盡的天職。

教師雖也是常人，但就對學生願負起「傳道、授業、解惑」之神聖使命來說，其道德「位」格，足堪爲人所景仰，所以學生要「尊師重道」；能尊重老師傳道的莊嚴性，領受老師授業、解惑的辛勞，便會對恩同再造的「老師」肅然起敬。

由於學生是教育的主體，爲讓這個「主體」達到教育的效果，教師對不同程度、品質的學生，自當要因材施以各種不同的教學方式，除了課講有不同深淺之別外（程度差的甚至要適時施以補救教學），對品格教育，有的要採鼓勵，有的要用鞭策（合宜的打罵、懲罰也是其中的一種方式），對日常生活中的種種好儀節與習慣，當嚴格要求的，就要嚴格要求，不可馬虎，從中促進學生的反省能力，以助益他道德人格的成長，……要之，學生既是教育的主體，教師自當全力以赴，使用各種合宜的方法，協助學生往良好、健康的方面去學習、發展，這樣才能彰顯教育最大的意義與價值。

審視當今教改的現況，在民粹氛圍的導引下，已把「學生是教育的主體」，翻轉成「學生是教育的主子」，奉學生為太上皇，為天之驕（嬌）子，嚴重扭曲、變質了教育的神聖本質。學生不上課，說是老師不會教；學生考不好，說是題目出太難；學生不認眞學，說是課程太深，學生放肆不守規，說是校規落伍；學生行為偏差，說他有創意；學生染髮、留怪異髮型，便廢除髮禁；學生成績不及格或頂撞老師，老師反成了被檢討的對象；……要之，今日荒謬的教改，養出了驕縱的世代，教師失去了尊嚴，無法教，不敢管，學生只愛文憑，不求實力，培養不出人才，國家就沒有好未來，如何解決這些問題，值得大家省思。

輯二

理性的生活

道德實踐是一種生活藝術，
儒家看人生的價值，
不重在成功什麼偉大的事業，
而在不服輸的奮進歷程！

媽寶

上了年紀之「老」字輩的人，大抵都會體驗到：年輕時正值農業社會，人人家境幾乎都清寒，父母不但成天爲了家計，操勞於粗重的工作，連孩子也一樣要在課暇時幫忙，特別是例假日，不是下田耕作、除草、牧牛、曬穀……就是在外頭打零工，賺些外快，貼補家用，人人勞動，辛苦卻不覺苦，從中磨練出了「吃苦耐勞」的個性，也借著自己的勞苦，領受到父母艱辛的養育之恩，從而陶養出紮實的孝慈情操，這樣的清苦家庭，父母看似沒有實施什麼家教，其實無形中已給了孩子實質而受用之「獨立、勤勞、負責」的人格陶養。

回頭再說時下的孩子，由於人人都在優渥的大環境下長大，父母又存有「不忍讓孩子受苦」的念頭，在長久細心呵護下，逐漸把孩子養成了「草莓族」，這些「媽寶」成天玩樂、嬉戲、搞笑，只求文憑，不愛讀書，自行其是，沒有風險意識，爲了尋找刺激，他們敢在颱風天裡衝浪、戲水、泛舟，警察勸阻，還一副漫無所謂的模樣，竟大刺刺地對記者說：「颱風天就是要泛舟啊，不然要幹嘛！」有的還闖入鐵軌拍照，或偷開父母名車去飆馳肇事，……這些盲目趕時髦的行爲，最後的下場往往不是喪己，就是亡人，不是殘己，就是傷人，這種對自己、家人、社會欠缺責任感的愚昧表現，追根究柢，都因於時下的父母對孩子過度驕寵所致，所以該譴責的，不只是幼稚的孩子，更是放縱他們的父母。

家庭教育、學校教育、社會教育是影響孩子人格成長的三大要素，此中家庭教育的重要性，居於首位。家教嚴格，孩子將來在社會上，也會出汙泥而不染，在學校也會是個守規的好學生；相對的，家教鬆散，處處呵護，孩子養成了「我最大」的習性，在校老師稍有要求，便要父母興師問罪，學校因此也成了「學生最大」的場所，在這種只能屈就，沒法管教的氛圍中，又如何可能給他們什麼樣的公民教育？而社會的大染缸，又如何不影響他們？負面的教育大大多於正面的教育，長此以往，我們還能教出多少個有涵養的學生？可見如何導正家長實施健康的家庭教育，實是當務之急。

「愛之能勿勞乎？」（〈憲問．七〉）孔子簡賅的一句話，道盡了改革當今家教的要領，「愛是愛孩子有積極上進的精神，而不是愛孩子增強貪圖享受的物慾」，家長有這樣的智慧，才會狠下心來，不驕慣孩子，磨練他們在生活中學習自我獨立、勤奮、負責的能力，少了「媽寶」，我們國家的未來，才會有希望。

救助的界線

儒家重視道德實踐，道德實踐是一種生活藝術，不是黏滯教條的墨守，一切作爲必須依於主客觀的現有條件來制宜，才能使事情做得圓融，個人的處世應該這樣，政事的處理也莫不這樣。

話雖如此，如何才能制宜，其實也極艱難，尤其政事所涉及的人事，錯綜複雜，顧此則失彼，顧彼又失此，要如何拿捏得宜，須要具有高度的政治智慧。

以八仙塵爆的事件爲例：由於該不幸意外，讓五百多人遭到火吻，其中兩百多人病危，且已有數人殞命，可謂台灣有史以來規模最大的燒燙傷事件。面對燒燙傷，病人需歷經急救、治療（清創、植皮、復健）及後繼的長期照料，復原之路悠悠漫漫，而且費用龐大，病患及其家屬都會受到長期的煎熬，令人同情。政府基於同胞愛，當然應成立專案協助，動用預備金，來支應緊急醫療之用，但一切得依法行政，不能因傷者多或家屬會哭會吵，就「即興」地給予超乎一般受害者的額外補助，否則造成對以往因公（八仙塵爆純屬私營水上樂園的彩色搖滾派對，是私人公司未注意公安所引起的，非全民造成，如何叫政府拿全民的錢來負責埋單？）或一般遭到類似遭遇，乃至更嚴重之傷患的慰問、撫恤金額之補助不足的不公平，也不能爲了討好一些傷患的公教家屬，就盲目跟進少數私人公司給予全薪「照顧假」的禮遇，否則又可能製造無謂的社會對立（公教人員有全薪照顧假，我們勞工或失業者難道就那麼不値錢？）

受害人及其家屬的處境固値得同情，但國家的資源有限，救助總有它的界線，政府實無法作「無限上綱」的全方位救濟，除了依現行的法律，儘量爲他們申請各項合法的應有補助外，尤應：一、設法在第一時間爲受害人對肇事的公司及相關負責人作「代位求償」，及時假扣押所有的財物，以避免他們逃責脫產。二、協調、整合全國相關的醫療網，作快速而有效的支援與治療。三、以「基金」而非「愛心專戶」的方式勸募，鼓勵民間捐助，並由專人負責管理，作合情合理的及時分配，一切公正、公平、公開，將善款全數用於受害人各種必要的補助上，這樣不只可以節省公帑，受害人及其家屬還能獲得及時的妥善關照，這種「惠而不費」（〈堯曰．二〉）的處理藝術，正是儒家所講求的政治智慧。

當然善後還應多作檢討，以建立更完善的反應機制與健全的保護體系，好讓未來類似事件的發生，有更完滿的對應，這樣才能強化從政者的道德實踐。

政客

在民主的國度裡，不管中央或地方選舉，想從政的候選人，無不卯足全勁，爭取選票，他們提出很多諸如如何為國家發展、為社會建設，為人民謀福祉等等之類的政見，這些政見的特色，就是：大家往往只講好處，不講害處（如主張廢核，便大事鼓吹建立「非核家園」，強調核災的可怕，卻不談核電的好處，及因廢核所可能帶來缺電、昂貴電價等等所衍生的可怕惡果。擁核者只談它是乾淨能源，成本低，有供電的穩定性等等，卻避談核廢料如何處理及可能核災的應變），只講理想性，卻不談現實的艱難性（如推動某些建設，可繁榮社會，舉辦某些活動，可帶動庶民經濟，卻不說非經常性的龐大支出，錢從哪裡來等等），等到當選之後，為了實現對選民的承諾，往往就大量舉債，興建未必需要而後來證明為蚊子館之類的建設，造成國（縣市）庫空虛，只好拆東牆補西牆，排擠掉很多其他經常性的支出及福利，乃至走到山窮水盡，連公務員的薪水都發不出來的窘境，……這些現象，追根究柢，都因於候選人所存的，都是「政客」的心態所致。

從政不能只想當政客，必須要以「政治家」自許。要當政治家，必須要「敬事而信，節用而愛人。」（〈學而．五〉）所謂「敬事」，就是針對繁雜的政事，要持眞誠、愼重的態度。眞誠，才能從正面去看政事背後所存的眞正意義與價值，也才能從反面去思索它所可能帶來的各種後遺症，這樣才能全方位評估其中的利弊得失，坦白面對當前主客觀條件的限制，做該做且能做的事，而不一味隱弊揚利；愼重，也才會對可能遇見的艱難，未雨綢繆，預作各種周全的補救措施，好讓阻力降到最低，弊害減到最小。事前有了這樣眞誠、愼重的「可行性評估」，發而爲紮實的政見，一旦勝選，施政才容易得心應手，而兌現所言；不失信於民，且能造福全民，而不只是少數的個人，這才眞能獲得普遍的支持與愛戴。

今之從政者，爲圖一己或一黨之私，屢走民粹的路，競相拿公帑來加碼到可以不必要如此花費的事上（如年終煙火秀、免費學童午餐），以顯自己的政績；或爲反對而反對，專找小瑕疵，寧可違約理賠廠商，也不願概括承受前朝正在進行中的種種重大工程，而自己的新措施，也未必就比較好，這種標新立異的施政方式，無謂地浪費龐大的公帑，不只現今人未蒙其利，反更債留子孫，甚有違「節用而愛人」的從政法則。應否把神聖的一票，投給這樣的政客，値得選民三思。

公民教育

繼太陽花學運之後，近日社會又掀起了「反課綱微調」的運動，以前是大學生占領立法院，衝撞行政院，這次則是高中生侵入教育部長辦公室，搗毀電腦等公物，要之，兩者都是學生的非法進犯官署，這種分明踰越法律的行爲，卻被一些媒體美化爲「英勇果敢」的表現，以前學生嘴邊掛著「公民不服從」的口號，這次有心人也用這個口號爲他們辯護，是非價值觀混淆到這個地步，很令人憂心。

所謂「公民不服從」，乃是在憲政體制下，基於對「社會良知及正義」之公共利益的關注，處於少數地位的公民爲進行理念表達而抗爭，以喚起多數人認同的一種不得已手段，因爲它是一種願接受法律制裁之理性行爲，所以印度聖雄甘地強調這種運動是：抗議者不可懷憤怒情緒，要忍受對方惱怒，乃至要配合被拘捕，冒著生命危險也要保護官員免於被攻擊，……這樣才能彰顯理性的「公」民特質。

可見「公」民的特質，至少要有三項涵養：一、要有理性的獨立思辨能力，這樣才不會被人左右，而懂得什麼才是眞正的社會良知與正義，才徹知爲何而抗爭。二、要對法律有責任和義務的意識，這樣才可能對自己逾越的行爲，願意接受法律制裁，配合被拘捕。三、要具備「和而不同」（〈子路・二三〉）的民主素養，這樣才不致隨便動怒，而能平心靜氣地與意見不同的一方，坐下來理性對話。

反課綱的一群高中生，只隨有心人借口說課綱微調是「黑箱作業／溝通不足／程序未備」，卻無法折服人地辯駁微調內容的錯誤在哪裡？不知所以地爲反對而反對，儼然已成政客的芻狗而渾不自覺，是以一位十七歲的少年，把付出畢生心血，成立「文教基金會」，爲全球病童做了很多事之勸他回家的父母，說他們對社會沒有貢獻，自己才是「爲台灣的未來努力」的民主鬥士，還用手臂將父親的頭壓制在他的腋下，這種連至親都不認，一味昧著良心說話，如何會是懂得社會良知與正義的「公」民？侵入部長辦公室等行爲，犯了刑法上的「侵入罪」、「毀損罪」，卻要求法律退讓，免受處分，又哪是「敢做敢承擔」的「公」民？抱持「唯我獨尊」，不由分說，便逼部長不是回復舊課綱，就是下台，只堅持自己的看法「絕對對」，卻不容別人有表達不同意見的權利，這又豈是理性的「公」民？

總之，沒有「公」民的素養，就不配把作亂說成「公民不服從」，爲正本清源，使社會步入民主正軌，我們很需要加強正確的「公民教育」。

挑戰自我

人一出生，就一步步逼近死亡，任誰都不例外，這說明了人身是一有限的存在，不只年壽有限，性別、個性、能力……等等，哪一樣不都有限？正由於有限，所以面對大千世界之事物的學習，便會遇到很多不易克服的艱難。

舉學泳的例子來說，不管蛙式、捷泳、蝶式、仰式，其實說穿了，只是那簡單的三兩個基本動作，在水中不斷重複而已，但要學會，往往要花很多工夫，兒童或年輕人還好，上了年紀的人，由於筋骨僵化，動作遲鈍，再怎麼學，都得不到要領，手腳不能配合，換氣時呼吸無法調適，往往學了好幾個月，不見明顯進步，就打退堂鼓了。

爲了減少錯誤嚐試，有些人還熟讀游泳手冊，透過實況教學示範影片的觀摩，體會後再下水練習，還是照樣嗆水，手忙腳慌，亂成一團，可見理論是一回事，實際又是另一回事。見微知著，從學泳的艱難，就可推知人生的艱難了。

《論語》記載當時衛國賢大夫蘧伯玉派使者去造訪孔子，談聊中，孔子問到蘧的近況，使者答以他「欲寡其過而未能」（〈憲問・二五〉），生活中的事情繁多，使者不說別的，特舉對他主上最深刻的印象「想減少言行上的過錯卻經常辦不到」爲例，正說明了蘧伯玉是一個很清楚自己有限的人，知道自己的有限，而仍一直想超越自己，不惜以今日的我，向昨日的我挑戰，正見他有著一股剛強不屈之積極奮進的精神。

人有氣質的困限，事有現實的艱難，面對這樣的處境，很多人往往就因此氣餒，不再有爲，其實，只要轉個念頭，越是艱難，不就讓我們越有進步的空間嗎？遇上瓶頸，正如要打開重重死結，下工夫久了，每解開一個小環節，不都有一種成就感的喜悅嗎？儒家看人生的價值，不重在成功什麼偉大的事業，而在不服輸的奮進歷程，我知道自己的有限，仍不洩氣地爲所當爲，改進所能改進，即便仍顯示不出多少進步，當下已具意義與價值了，此所以蘧伯玉雖未能「寡其過」，但他仍不止地「欲」奮進，充分展現了高貴可感的道德人格，孔子因此很欣賞他。

世間的事常多少都有它的艱難度，學泳自也不例外，但與其他的事相較，游泳顯然稀鬆平常，算不了什麼，否則爲什麼有那麼多人會游？對初學者（尤其是年長者）而言，只要堅定信念，秉懷「挑戰自我」的意志，不怕嗆水，耐心地練習那幾個簡單的基本動作，不久的未來，就可以領受到「如魚得水」的游泳樂趣。

勞工教師

暑假進入尾聲，各級學校正準備開學之際，有一個由中小學教師聯合組成的教師工會，與當地政府達成一項協約，明訂教師每日工時八小時，寒暑假到校兩天，享有比照「勞工」的權益，且排除「與教學無關的工作」（如交通導護），且爭取來的福利，不適用於未加入該會的其他教師。這項協議的詳情雖尚未正式公布，卻已引起了全國近三千名校長的聯署反對。

平心而言，協約中的工時內容，其實也符合教育部所依教師法規定的行政命令，只是行政命令是原則性地說，協約似要求具體明確地規定，原則性地說，具有很大的彈性，說了等同沒說，明確地說，就不具彈性；尤其其中所提教師得拒絕擔任導護，非工會教師「禁搭便車」等內容，爭議性更大。

爲教師爭權益，無可厚非，但教師畢竟不同於一般職場的工作人員，他所面對的是學生，不只負有「傳道、授業、解惑」的使命，也要有關懷學生生活的道德義務，說得更明白些，教師平日在校除了要備課、教學、批改作業、課後輔導低成就的學生、輪當導護、陪吃營養午餐、管理班級秩序……外，還必須以身作則，引導學生建立良好的生活與衛生習慣，陶冶端正的品格，激發潛能，培養專長，並指導他們學習如何與人相處及合宜的做事態度，以讓他們有健康的人格成長，同時在生活互動中，孕育彼此的情感，以建立亦師亦友亦父亦母的師生倫理。處在今日繁雜的社會，教師常早出晚歸不打緊，回家後，有時還得回答家長諸如十二年國教、超額比序、志願填寫之類的電話詢問，乃至要訪問特殊家庭，安撫親子衝突等等，……凡此超額時間的付出，豈有可能為八小時的工時所限？西方教育家福祿貝爾說：「教育無他，唯愛與榜樣。」所講的，就是這種高貴可感的奉獻情操。

誠然，教師不是教匠，除了知識的傳授，還要自我期許為人師，所以不應把自己「勞工化」，教學或也可稱為勞動，但心靈的陶冶與人格的感召，實已超乎「勞動」之外，所以「教師每日工時八小時，寒暑假到校兩天」的規定，只適合原則性地說，不必再為此而爭取落實為「具體性地說」，教師把教職當作志業，不當成職業，才不會去計較工時，看到學生各方面有成長，而陶醉其中，忘忽自己的超時與吃虧，這就是「誨人不倦」（〈述而・二〉）的精神所在。無私無我的奉獻是教育成功的關鍵，願教師們以此交勉之。

時間管理

人生有限，活著最多也不過百年，生命或長或短，由天安排，人是無法自作主宰的。健壯的人未必就能長壽，體弱的人也未必就會早死，很多看來好端端的人，日昨還跟他聊天說笑，今天卻驚傳他的噩耗，人生的本質，原本就是這樣的無常，這樣的難以掌握。

也正因爲人生有限，人生無常，人才需要善用時間，把握當下，因此如何做好時間管理，實在是人人都應講求的課題。

不管生命或長或短，每個人所過的一天，都是二十四小時，這是老天給大家的絕對公平性。一般說來，常人的一天生活，睡覺八小時，生活的瑣務（如盥洗、用膳、如廁、運動、休閒等等）八小時，用心在工作上的，大約也不過八小時而已，這八小時如果心有旁鶩，工作的效果就會大打折扣，相對的，如果認眞從事，持之以恆，甚至還挪用其他的時間來加強，久而久之，就有大成效，一個人是否會有高成就，時間的管理是最重要的關鍵。

渾噩過日的人，最沒有時間概念，以爲今日過去，明天自然就來，永遠揮霍不完，其實，人生過了一天，就少了一天，以前孔子在川上，看到河水不斷地流走，就感嘆地說：「逝者如斯夫，不捨晝夜。」（〈子罕・一六〉）從具體的自然現象中，領略到抽象時光的一去不再回，自有勉人「惜時」的深意。今日智慧型手機的問世，很多人借用它來聯誼群組，成天賴來賴去，浪費了不少時間，所得到的無謂訊息，只能填補「無所事事」的生活空虛，實無助於自己的長進，表面看似有會用手機的新潮，卻也在無形中淪爲手機的奴隸，被它所用而不自知。近來欣聞有人爲了鞭策自己，利用手機，融入「生命時鐘」的概念，用倒數計時的方式，標示自己的「餘生」（用假定自己可活到八十歲，即七十萬小時的平均壽命，減去已過的歲月），提醒自己要注意生命的流失，或另設定父母的「餘生」，來警惕自己要及時行孝，以免空留人生的遺憾；藝人孫越每日都「把今天當作最後一天來過」，所以積極進取，生活充實，不知老之已至，這些「惜時」的表現，值得大家學習。

時間管理重在處理好每天事情的優先順序，重要的先做，次要的後做，不重要的或根本不做，今日很多大學生徹夜電玩，無心向學，這樣的本末倒置，很需要作「時間管理」的自我磨練。

小確幸

日人村上春樹的《蘭格漢斯島的午後》隨筆集，林少華直譯其中的一篇文章叫〈小確幸〉，內容描述生活中微小而確實的幸福，人也應把握這種稍縱即逝的美好。沒想到「小確幸」一詞，就此在台灣成了流行語。

崇尚「小確幸」似乎也成了一種流行，特別是年輕世代，很多人囿於現實的艱難，寧可放棄大目標的追尋，也要維持「小確幸」的現狀。舉例來說，由於高不成，低不就，畢業後不容易找到合適的工作，不少大學生就選擇延畢，或考研究所，他們拖延進入職場，不是爲了進一步充實自己，加強自己的競爭實力，而主要是爲了避難（逃避就業的艱難），這樣不只帶給父母經濟負擔，也浪費了自己寶貴的青春時光，不管延後兩年（唸完碩士），或延後六年（博士畢業），跑得了和尚跑不了廟，終須面對殘酷的現實，而這期間，不但不會帶給自己多大的學術成就（因爲避難式的唸研究所，出於無心，沒有眞意，純屬應付性質的進修，如何會有實質的研究成果？）反使自己白白失去很多可能爭得的良機，能力沒與時俱進，等到歲數大了，機會越來越少，自己一直在失意中原地踏步，到時恐悔之晚矣。

或謂儒家強調人要「活在當下」，「小確幸」者之把握生活中稍縱即逝的美好，不也是「活在當下」的一種樣態嗎？其實前者指的是把握「作有意義有價值之事」的當下，它要人「視思明」（〈季氏．一〇〉），擦亮眼睛，超越現實，去看一個長遠的未來，而戮力以赴，可見它充滿著自信心與旺盛的企圖心；後者只圖把握當下的享受，不去思考明天，抱著「今朝有酒今朝醉」、「船到橋頭自然直」的苟安心態，缺乏意志力與執行力，不敢挑戰現實的艱難，以力求活出最大最優雅的自己，這哪能與之同日而語？

「小確幸」的鎖身不可，鎖國更不可。光就經濟面來說，很多人以為開放會引來強烈的競爭，對本土產業會帶來嚴重的衝擊，所以覺得維持現狀最好，其實人要有國際的大宏觀，否則，不自長進，就會被吃掉，長久「維持現狀」在自我感覺很好中，而不知快快自我調適，就會像「溫水煮青蛙」般，不知不覺中削弱了我們應變的能力，而終遭到無情的淘汰。

受制於大環境，政府「維持現狀」的國家政策，是要以時間換取空間，借以壯大自己，不是坐以待斃，崇尚「小確幸」的朋友，請快快甦醒。

政治的本質

政治是眾人的公事，誰都離不開它，即便你厭惡不想理，它仍會照樣來煩你，特別是在民主的國度裡，主權在民，如果放棄選舉，由不當的人當選，一切的後果，仍須一起概括承受，所以大家不可疏忽它。

政治之所以易令人厭惡，主要是在現實中，它所呈顯的常是一種背離本質的變態，原本莊嚴神聖的政治，在政治人物的惡意操弄下，可以將它轉化為「高明的騙術」，且還沾沾自喜，恬不知恥，怎不令人作嘔？

「政者，正也。」（〈顏淵．一七〉）儒家簡賅的一語，道盡了從政的本質。所謂「正」，就是公正，從政的人既要秉持公心，也要端正自己的言行。有公心，才會為全民造福，為國家開創理想的未來，而不會借機謀私；能端正自己的言行，才能建立起政治人物的道德風範，在政壇上乃可產生威信，而普遍為人所景仰，政治人物能以成為政治家而非政客來自我要求，政治自會彰顯它的莊嚴性，這樣，人又如何會厭惡政治？

只可惜解嚴以來，台灣的政治人物幾乎多屬政客，少有政治家，他們競選時講了很多冠冕堂皇的政見，檯面下卻處處假公濟私，尤其言行的不一，不端正，爲政治帶來惡劣的形象。例子繁多：有一位多次問鼎總統寶座失利，後又以「封刀之戰」參選市長慘敗，宣布「即日起退出台灣政治」，今卻不甘寂寞，再出來參選總統；又有一位曾獲諾貝爾化學獎的名人，高呼「向上提升或向下沉淪」，把後來證明是貪腐的人送上總統寶座，至今還說自己「不後悔」。更離譜的是，有一位當了十二年總統，卸任後沒依宣告去當傳教士，還否定了中華民國的存在，炫耀他過去如何狡獪，如：「心生一計」，製訂《國統綱領》，瞞過當時的權貴，好放心支持他當總統；騙盡政壇高手，利用各種權謀詭詐，製造矛盾，把當時很多重量級人物一一鬥倒；而二十年前以總統身分說：「中華民國領導對日抗戰，史實不容否認。」「在台、澎的同胞遭日軍欺凌，充當砲灰，這些血淋淋的記憶，國人永遠不會忘卻。」如今他卻努力否認史實，認日本爲祖國，緬懷當日本皇軍，參與侵略作戰；……凡此言行不一，不端正，以奉行「高明的騙術」爲榮，齷齪至極，政治的神聖本質被蹂躪成這樣，怎不令人心碎？怎不對政治人物失去信任？

要使莊嚴的政治本質還其本來面目，弘揚儒學，實刻不容緩。

颱風假

台灣每年在夏、秋之際，常會刮颱風。「天有不測風雲」，由於它的路徑與強度變化多端，抓摸不定，很多時候，連中央氣象局都無法預測得準確。

依規定，平均風力七級以上，或陣風十級以上，才到達停班停課的標準。爲了滿足民眾想儘早預知是否放颱風假的期待，兼以展現「當機立斷」的魄力，很多縣市長常在前一晚十點前就作出決定。然而風雨多變，有時宣布放全天假，隔天卻出大太陽，有時宣布照常上班上課，卻又風雨交加，所以每逢颱風，常對地方首長造成困擾。

據說日、韓兩國沒有颱風假，因爲各地災情不同，要否上班上課，直接交給各校校長、企業主及公家機關主管依實況去裁奪，政府所要作的，只重在盡力加強公共設施安全維護，及防災的周全準備，以減少外出途中發生意外，及保持社會各方面的運作順暢。在競爭劇烈的氛圍下，各擁有裁量權之公私部門主管，非絕對必要，通常不會宣布停班停課，這一方面可免浪費不必要的颱風假，一方面也可借此磨練趕班趕課的人，領受冒風雨的艱辛，並喚醒他們盡職負責的自覺。

在台灣，一切依照中央氣象局的風力雨量預估來決定是否放颱風假，原也是最便捷且少誤差的，但主事者常不尊重專業，且持鄉愿心態，遇上一些以交通受阻或孩子無法接送等等理由的民眾抱怨，或抗議聲灌爆縣市長網路信箱，往往決策就急轉彎，把照常上班上課，改爲上半天，或由原來的放半天，改爲放全天，反正軍公教的假由國家負擔，考量選票，與其倒向少數的企業主，不如倒向多數的勞工那一方，這種官員決策常受「民意」挾持的結果，久之就會被選民看透，「會吵的有糖吃」的風氣便因此形成，放無謂的「颱風假」，讓上班上課族滿街跑，逛百貨店，看電影等等景象也便成爲常態。

「因民之所利而利之」（〈堯曰．二〉），政府顧及國人的安全而放錯假，原也無可厚非，但決策不聽專業，卻受「吵得很大聲的民意」指揮，反易變質爲「強化民眾的投機心理，降低國家、企業的競爭力」，這對全民反而不利。

較合宜的處理方式或許是：不要於前一天晚上十點前急著決定，而改在當天清晨四、五點鐘，再依最新的氣象預測資料宣布，就可減少放錯假的機率，也可樹立公權力的威信；而不管是否放錯假，都一律於周六或周日補班補課，這樣不只可徹底消泯民眾貪便宜的心理，也可一舉解決長久以來放颱風假與否的困擾。

多元入學

二十幾年來，我們所高喊的教育改革，主要的特色在教育的多元化，大學「多元入學」的制度，就是其中明顯的一項變革。

「一試定終身」的傳統聯考，對一時緊張失常的考生，或對有特殊專長，卻無法上大學相關科系就讀的人來說，有失公允，所以改採「多元入學」。它的方式包括：學測、繁星推甄、個人申請入學和指考等等。有各種入學管道，再加上廣設大學，就不怕沒合適的校系可唸，且也可減少學生的升學壓力，這是主張「多元入學」的主要用意。

爲避免各系列入學方式衝撞，自然得錯開時段進行。學測提前在二月舉行，只考高一、高二的課程範圍，一經上榜，很多同學便無心上課，對他們而言，「三年制」的高中，形同「二年制」，與落榜或上不了滿意校系而須再拼七月指考的另一群同學同班，顯現的是「一間教室，兩個世界」的景象。

接下來是「推甄」與「個人的申請入學」上場，競賽項目主要看學生在校的累計成績與面試表現。爲給學生爭取機會，學校可能平日會把校內的考題出簡單些，要教師打分數寬鬆些，乃至巧立比賽名目，濫發獎狀，班級幹部輪流當半學期，以爲學生營造亮麗的成績及優異的形象；社經背景好的，家長還會委專人製作各種精美的書審資料，訓練面試如何穿著、應對，……要之，這項甄試，往往淪爲「多錢入學」，窮苦的學生簡直望塵莫及。

最後的壓軸就是七月舉行的指考，它與傳統的大學聯考性質相同，考的範圍是全部的高中課程，學生的志願是依其所海填的順序落點分發，雖具公平性，卻難達教改「揚才適性」的宗旨，重蹈傳統聯招的覆轍；而學測與指考兩種差異性的考試，考生卻都有可能考進同樣的校系，這又豈公平？

總之，教改一次考試變成兩次，多元入學雖打通了很多管道，卻依樣不減學生的升學壓力，也欠缺公平性，且更產生「補習猖獗，技職制度落空，教育素質沉淪，社會階級銳化」等等的後遺症，治絲益棼，可謂徹底失敗。

儒家主張「居敬而行簡」（〈雍也．一〉），在尚未找到更合宜的入學方案之前，我們何妨從善如流，走回聯考老路，它雖非完美，至少公平且簡單易行而不瑣碎，只要大學對藝術科系設計好學、術科合宜的成績比重配套，建立好轉學轉系機制，以便不合興趣的學生再作選擇，就可彌補未能「揚才適性」的缺憾。

無緣社會

二〇一〇年日本NHK電視台製作了一個叫「無緣社會——無緣死三萬二千人的衝擊」的特別節目，報導當時日本一年約發生有三萬二千個沒人認領的老人遺體的事件，在單身世代中，這些高齡的單身老人（二〇一一年全日本估計這樣的老人家庭已高達四百七十萬戶）「孤獨死」的情況日益嚴重，他們請不起看護，沒有家人，沒跟親戚們聯絡，與家鄉關係隔離斷絕，也不跟社會中的朋友交往，孤伶伶地一人獨居，對這些人而言，面對的是一個血緣、地緣、社緣全都喪失了的「無緣社會」，他們沒有足夠積蓄（日本稱之爲「下流老人」），不管租賃或自己有房子，由於鮮少與外界接觸，平日門戶又深鎖，往往死了異味外溢，鄰居才知道報案，乃至於有人在家往生了五年，身軀成了白骸，才被發現，這種慘絕人寰的景況，歐美有之，日本有之，台灣高齡化少子化乃至無子化的結果，不久也自然會步上它們的後塵。

很多人以爲要解決這個問題，政府應增加老人年金、醫療、看護等等的福利措施，鼓勵老人多運動，避免生病、失能，積極參與各項社團活動，推展與社會居民相互合作、支援，以維持社交網絡，……這些作法，雖具建設性，但畢竟還是治標，試想：醫學的進步，人的平均壽命越來越長，加上少子化，使老人人口比重日漸加大，政府如何有能力長期承負越來越龐大的養老經費？而人生有限，不管如何養身，如何延長生命，終須一死，同樣的問題，遲早還是要發生；再說現實社會，人心叵測，也容易引發人際間的疏離感；更何況經濟困窘，老病纏身，如何還有體力與心情跟人互動？

根本解決之道，還是要從發揚傳統的儒學思想入手。「老者安之」（〈公冶長‧二六〉）是儒家的政治理想。老人要安，不光是身邊有錢，可以僱人看護就能安，更必須要子女孝順，經常陪在身旁（所以很多人喜歡三代同堂），使老人看到自己的化身，自己有後代，可以承先啟後，延續香火，更可領受到自己生命的生生不息，源遠流長；能上對列祖列宗交代，下對子子孫孫負責，心自能安，否則不管多有錢，死後仍淪為無人認領的遺骸，這又如何能安？所以人必須結婚生子，繁衍後代，不只事奉父母，使他們心安，將來自己老了，也同樣獲得子女孝順而心安，有這樣的人「生」智慧，就不會被單身主義所影響，行孝義務自己扛，國家就不會有龐大負擔，沒有無子化危機，將來老人也才眞能脫離「無緣社會」。

農地

糧食是人生活的必需品，沒有它，人很快就面臨死亡，造成社會動盪，國家衰亡，非洲一些缺糧的落後國家，人民瘦骨如柴，國家微弱，就是赤裸裸的寫照，所以糧食的供應，不只是個人問題，也是社會、經濟問題，甚至是國安問題。

台灣地狹人稠，糧食自給率偏低，長期都維持在三成多的水平，大部分需仰賴進口，而今氣候變遷異常，全球糧食的生產有日益縮減的趨勢，不只造成價格高漲，將來也有可能有錢買不到它，如何讓糧食自給自足，以維國家安全，實是不可忽略的課題。

農業是國家的根本，農地又是農業的基礎，如果農地縮小，或遭到不可恢復性的破壞，必會使農民減少，糧產短缺，將使國家步入岌岌可危之境，此所以長期以來，政府一直堅守農地農用政策，不是眞農民，禁止購買農地，農地價格因此長期平穩地在低水位，沒人炒作。

不料一九九九年，在有心人士的主導、護航下，政府竟准許開放農地自由買賣，又無有效控管機制，台灣農地於是如洪水猛獸般受到嚴重的侵蝕，原本一望無際的綠油油蘭陽平原，如今竟細碎化成農舍（其實是豪華別墅。眞正的農舍是簡陋得像木棚架的草寮，最好的也只是單層平房，僅供農產品儲存或加工之用，或如大型廁所，封閉式地只留一扇小門，以防農具及肥料等遭竊之類的建築。如今的所謂農舍，外型富麗堂皇，有小橋流水、異卉奇木之類的庭園造景，簡直是農地中的世外桃源）林立，可耕地已明顯縮水了。

「人無遠慮，必有近憂。」（〈衛靈公·一二〉）農地開放自由買賣，長遠看不只有糧食安全、國家安全的顧慮，就眼前看，也帶來很多後遺症，諸如：一、大量的所謂「農舍」竄起田中，生活所排放的汙水，必然影響到週遭的農業生產環境，導致農作物品質下降。二、大批買進山坡地，再化整爲零地分售給經營民宿、餐廳、遊樂場等等業者去蓋各式建築，這對水土的保持必然破壞至鉅，每遇颱風豪雨，就易造成山崩、土石流等等之類的大災禍。三、「農舍」林立，農地價格飆漲，自然也會帶動其他地方的土地漲價，有錢人炒地大賺，窮苦人永遠買不起，望屋興嘆，貧富懸殊越來越大，將使社會階級對立，國家動盪不安。……

總之，農業發展條例及農舍興建之相關規定與辦法，政府應速合宜的修正，否則將會有大災禍到來。

減法

台灣的年輕世代，或不婚或晚婚，婚後或不生或只生一個孩子的情況，有日益嚴重的趨勢，這一方面固是受到西方單身主義的影響，一方面也確實因於物價高漲，收入偏低，擔心承負不起家計，養不起孩子所致。

不婚不生的潮流如任其蔓延，將來他們老了，就會面臨如日本老人的「無緣社會」一般，死了連遺體都沒人認領，祖先香火從此斷絕，這對有傳統文化意識的人來說，實在難以接受，要改變他們的觀念，宣揚儒學實刻不容緩。至於擔心入不敷出而不敢婚不敢生的現實考量，儒家也有對治的智慧。

古時的農業社會，經濟困頓，男女到了適婚年齡，照樣結婚，生很多孩子，大家省約儉用，刻苦耐勞，在困窘中拉拔孩子長大，他們借著挫折與艱難來磨練自己，培養出了剛毅的精神與不屈服的志氣，所以仍有許多人在學問與事業上有顯赫的成就。要之，經營一個家庭，無論如何艱難，都要生下去，活出來，這就是儒家「好死不如賴活」之強韌的生命精神表現。

今日大環境雖然不景氣，但工作機會與生活條件比古時優渥太多了，然而爲什麼以前人敢婚敢生，現代年輕人不敢，主要原因就在物慾太多，消費不斷用加法，讓自己無端製造出很大的生活壓力所致。比方看別人開轎車、住豪宅、換新型手機、出國旅遊、送孩子讀雙語幼兒園，……自己也都想要，這種用「加法」的方式來生活，工作待遇再好，也會讓自己壓得喘不過氣來，此所以一般人不敢婚不敢生，多人如此，有樣學樣，單身的俗尚就逐漸形成。

其實人眞正需要的有限，想要的卻無窮，如果能去除那些不必需的「想要」，只把錢花在「必要的」之上，就能讓自己過得自在安詳。孔子說：「以約失之者，鮮矣。」（〈里仁・二三〉）只要用「減法」來生活，撙節開支，即使收入不豐，也會過得去，而無匱乏之虞。人家開車接送孩子，我用機車、腳踏車，乃至要孩子自己徒步上下學，這樣不只可減低空氣汙染，還可讓孩子趁機運動強身；人家換新型手機，我則撿別人淘汰的來用，這樣可使物盡其用；人家裝有線電視，我只給孩子看無線數位台，少節目的引誘，反易讓孩子專心課業；……要之，減少物慾的享受，反易增多心靈的充實。

眞的，生活用「減法」，就可以克服重重難關，只要有固定工作，適婚的男女都應結婚生孩子，這樣，我們將來才有精神的寄託與希望。

同學會

同學會是民間相當熱絡的聯誼活動，不管年輕人或中、老年人，都常有人辦。感覺上，年紀越大，似乎越有想辦的趨勢，所以很多上了年紀的人，一年之中都參加了包括小學、初中、高中、大學，乃至研究所各層級的同學聯誼活動，好不熱鬧。

辦同學會，除了聯絡情誼，重溫往昔同窗共學的美好回憶，也同時相互關懷彼此生活的景況，是以見了面，便有聊不完的話題，也因爲這是很有意義的活動，很多人因此從遠地方趕來，甚至有從國外專程回來參加的。

「猜猜我是誰？」很多人一見面，就用這句替代性的問候語打開話匣子，三、五十年不見，體型、容貌都變了樣，唯獨不變的，是他的聲音、姿態與個性，從此中回想到從前的相貌輪廓，很快就認出他是誰。很多人頭髮或已光禿、灰白，露出了老態，但同學的相見歡，宛如又回到從前求學時的天眞、活潑與可愛模樣，彼此都忘了老之已至，眞是人生一樂也。

早期的同學會，正値成家立業的階段，大家常不免問及婚嫁，當了幾個孩子的爸媽，對尚未結婚的，還特別提醒「何時喝你的喜酒？」閒聊中，有關懷，有鼓勵，有鞭策，話中似乎互勉人人應及時步入人生的常軌，擔負起「承先啟後」的家庭責任，好讓心靈有個基本的歸宿。話鋒一轉，也常會談及個人工作的甘苦，創業的艱辛，以及在挫折中如何因應與調適之道，這些話題，雖可能只是細瑣小事，卻也常會啟迪彼此做人處事的智慧。

後期的同學會，又有截然不同的情調：人老了，話題自然會轉向「下一代」的身上，「孩子結婚沒？」「生幾個孫子了？」一提到兒孫的成就，常不免眉飛色舞，看得出比當前自己擁有的成就更興奮，因爲兒孫是我們的化身，下一代的成就，代表著我們這一代的「未來」成就，與「未來」希望。

人老了，同學一個個相繼凋零，來參加聚會的人也越來越少。人生有限，世事無常，誰也不敢保證下次還能相見，最重要的還是要把握當下，能來一次，就賺到一次，只要動得來，一定要參加，而這時最常有的話題，便多集中在養身保健上，眞的，活得健康、長久，才是人生最大的福氣。

曾子說：「君子以文會友，以友輔仁。」（〈顏淵・二四〉）「同學會」的確是一種有意義的人文活動，它不只可以聯絡情誼，還相互提撕了道德心靈的自覺。

聖戰

近年來，伊斯蘭國（ＩＳ）在它所占領的敘利亞與伊拉克部分地區，實施血腥統治，以斬首及集體屠殺等等的恐怖作風，隨機殘害當地的異教徒及無辜百姓，造成千萬個難民流亡，大量湧向土耳其及歐洲國家；他們更在世界各地點燃反西方的所謂「聖戰」，近日法國巴黎遭受到自殺炸彈客的攻擊，造成一百多人死亡，即是一個明例；巴黎一炸，引來世界各國的緊張，西方列強紛紛出動機艦，實施報復性的ＩＳ基地轟炸，反恐越用力，伊斯蘭國的報復越加劇烈，彼此「以暴制暴」的惡性循環狀態，不知伊於胡底。

伊斯蘭國之崛起，原因複雜，此中主要包括了宗教（文明）衝突與種族衝突。就種族衝突言，伊拉克因海珊垮台的權力眞空，讓境內的庫德族、什葉派與遜尼派衝突白熱化，再加上美、俄諸國各自暗助不同派別角力，致使彼此得以在國內長期對峙，而美國參與推翻格達費政權，卻又無法善後利比亞的混亂政局，在有正當理由可以介入敘利亞內戰，卻又裹足不前，進退失據的結果，使得伊斯蘭國更有可乘之機。

就宗教（文明）衝突言，千年來信仰耶和華的（包括天主教、基督教、猶太教與東正教）與伊斯蘭的信仰長期就有「誰信的教主才是唯一的眞神」之爭議，彼此都不願自己的信仰被對方視爲異端而蠻橫干預、卑視，法國立法要求國內五百萬穆斯林世俗化，公開場合不可戴頭巾、面紗，公立學校不提供清眞餐，如有違規，雇主可以解雇他們，這種宗教歧視，就是引來巴黎遭受恐攻的主因之一。

穆斯林的所謂「聖戰」，原本指的是：個人應「跟自己心中的魔鬼及私慾奮戰」的意思，這是「克己」的修養工夫，並無對外作戰的意思。《可蘭經》主張和平，戰爭哪來神聖？爲了激化極端分子，有心的政客遂把「聖戰」扭曲成爲主道而戰，要他們消滅異教徒，爲聖戰而死，爲阿拉爭一口氣，這才是永進天園的捷徑與保證，也因爲這樣的「理念」灌輸，才培養出那麼多狂熱的自殺炸彈客。

子不語：怪、力、亂、神。（〈述而・二〇〉）儒家視鬼神在不測之中，它尊重各種宗教的信仰，而不去討論神的眞僞與神格的高下，所以我國歷來就沒有發生過任何宗教戰爭，足見世界要徹底消除無謂的宗教戰爭，步向永久的和平，治本之道，只有弘揚儒學，才能相互尊重，和平相處，而非採以牙還牙的方式，用武力霸凌，強要對方去改信自己的宗教。

梅克爾

儒家的生命學問重心，即是要人時時提撕道德心靈的自覺，理性地在現實生活中作各種客觀的道德事業實踐，以展現生命的意義與價值。符合這樣人文精神氛圍的人，不論古今中外，他就是一位君子，一個眞誠的儒學實踐者，當今的德國總理梅克爾女士，就屬這一類的典型人物。

梅克爾從西元二〇〇五年以來，三度蟬聯德國總理至今，她是第一位德國的女性領導人，帶領德國安然度過全球金融風暴，與歐洲債務的危機，穩定了德國的經濟，如今面對伊斯蘭國的恐怖攻擊，及由此所引發之大批難民收容的事件，我們再度看到她處理問題的理性表現。

見微知著。平日生活中，她上超市購物，與常人一樣排隊，不要求特別禮遇。二〇〇七年，她訪問大陸，在南京，地主國安排她住四百方米的總統級大套房，她卻堅持住七十方米的普通商務房間；次早用餐，謝絕服務，自取餐檯上的食物，切麵包時，不愼將其中的一塊切掉在地上，餐廳經理趕來，她搶先撿起，放在碟上，那份早點，所吃的，就是煎蛋、芝士餅、西瓜及那塊掉在地上的麵包，她儉樸、低調的風格，於焉可見。

近年，以色列總理納坦雅胡在第三十七屆「世界錫安主義大會」上表示，希特勒二戰時原本只有驅逐猶太人的構想，但與巴勒斯坦領袖胡賽尼會談後，才形成大屠殺的決策，所以罪魁禍首，應是巴國，梅克爾坦率回道：「納粹德國才該承擔罪名，沒有必要改變歷史解釋。」這種勇於悔罪，毫無保留地與納粹思想和作爲劃清界線，而坦然承擔前代發動戰爭，屠殺人民的罪行，並積極緝凶，追捕戰犯，且在教科書上明確記載史實，提醒德國人要切記教訓，不可再蹈覆轍的義舉，即是儒家所講之至大至剛的道德勇氣。子貢說：「君子之過也，如日月之食焉。過也，人皆見之；更也，人皆仰之。」（〈子張・二一〉）她眞切反省、悔悟、承擔的領導風格，贏得了世人普遍的敬重，相較於安倍首相之一味袒護日本二戰之罪行，而擬塗改歷史眞相的惡劣表現，簡直是天壤之別。

對於伊斯蘭國的恐攻，她堅信人道終必會戰勝恐怖，籲世人不可屈服於一時之非理性的狂妄，對難民潮，她一口氣接納了八十萬人，鼓勵德國人眞誠擁抱他們，一方面使曾殘害世人的德國成今日「希望」之地，一方面也化解國內嚴重人口銳減及缺工的隱憂，她的勇敢、冷靜、務實與智慧的君子典範，值得我們效法。

道德教育

今年（二〇一五）七月，成立超過七十年的工業總會，罕見地提出一份嚴重警示性的白皮書，赤裸裸地指出我們當前的國家眞相是：一個被只講民粹，不顧大公大義的政客們踐踏的國家；一個只強調「社福」，卻輕忽「稅收」，而將逐步走向均貧的國家；一個面臨「缺水、缺電、缺工、缺地、缺人才」的窘境，又陷爲「政府失能、社會失序、國會失職、經濟失調、世代失落、國家失去總體目標」之五缺六失的國家。

國家會淪落到如今的地步，因素固然錯綜複雜，但追根究源，主要還是在道德教育的忽視。試想：能輕易被討好，看不到邪佞政客的猙獰面目，這豈不是由於國人普遍欠缺超越的眼光所致？只順民粹，隨意加碼各項社會福利，卻不在意稅收短缺，不在意開創有利的「生產」情境，直讓經濟、財政持續惡化，步向均貧，這豈不是因於爲政者的短視？有「缺水、缺電、缺地」之虞，這是由於國人欠缺「環保」與「經濟成長」之間如何取得平衡點的智慧；而「缺工、缺人才」則又是年輕人好逸惡勞，不知反求諸己，只求形式的文憑，不認眞充實自己，認分地做自己所能承擔的工作之故；至於「政府失能、國會失職」，則因於國人糟蹋了神聖的一票，不知選賢與能。由私心重的人當政，他就會只營一己一黨之私，而不顧國家整體的利益；由私慾大的人問政，便會借故惡意杯葛，從黑箱協商中巧奪豪取，無助於促成或監督政府往正面發展；而「世代失落、國家失去總目標」，亦正彰顯了百姓與主政者都失去「向道」的自覺，沒有理想價值的方向感。要之，癥結就在全國上上下下普遍缺乏道德自覺所致。

有道德的自覺，才能「志於道，據於德，依於仁，游於藝。」（〈述而．六〉）才能立志追求人生的理想，據守本心的德性，依循理性去實踐，而涵泳、陶醉在奉獻自我的人文氛圍中。如此，就可從根上消除上述五缺六失的弊病，而這，都需要道德教育的加強。

道德教育需從小紮根，孩童時養成他們好的生活禮儀，培養好和諧、寧靜的心，才易受教（據聞大陸規畫小學全面推行書法、太極拳、弟子規教學，值得參考），中學要打破唯知是重的傳統制式教學，特別是國文要改採人文精神的翻轉教法，讓學生明白經典義理之所在，加上老師的以身作則，風行草偃，久而久之，便會創造出有情有義，知書達禮的理性社會，相關問題，願教育當局深思之。

健康的民主

解嚴之後，台灣很快就全面推行民主，步入多元社會。由於我們沒有充分準備好各項條件，一路走來，到如今仍跌跌撞撞，嚐到了很多不成熟的民主苦果。總的來說，國人普遍欠缺民主素養，誤以爲講「自由」，就可以隨便，於是民主變質爲民粹，而價值觀的混淆，多元社會也因此扭曲爲紛亂社會了。

自由必須自制，行爲才不致流於放肆，民主也必須用法治來制約，社會才能依循正常的軌範運作。然而一些國會議員，爲反對而反對，在殿堂中潑水、扔鞋、扯髮、揮拳、拉麥克風、霸占主席台，阻礙國家諸多重要法案的通過，視全民的福祉如無物；或吹毛求疵地挑剔官員的表現，踹部長辦公室的門；或借口反對「黑箱作業」，不顧當前國家的經濟困境，就率眾示威、遊行，占領立法院、行政院，毀損公物，……凡此不勝枚舉的實例，在在說明了全國上下缺乏基本的涵養，眞的，台灣式的民主表達方式，還有很大的改進空間。

多元的社會，當然會有各種不同的聲音，也會有不同的價值觀。以美國爲例：

民主黨比較支持墮胎的自由，比較希望對大企業採高稅賦，來協助弱者，以促進社會的平等；共和黨則比較支持反墮胎背後的社會道德秩序，比較希望採低稅賦，以促進企業發展的自由競爭；這種「自由」對「秩序」，「平等」對「自由」，很難說哪一方有絕對價值（核四之或建或廢、服貿之或簽或不簽，性質與此相同）。這是選擇題，不是是非題，應訴諸民意來決定，我們自不當把自認爲是的價值觀，用非法的激烈手段，強制他人服從，這就有違民主程序的正當性。台灣很多社會運動者，自我認許是全民的代表，把不法的表現，用選擇性的法律適用來合理化，以自己的絕對自由，來營造他人的絕對恐懼，這種「只要我喜歡，有什麼不可以」的社會氛圍，甚礙於健康民主的推展。

其實只要不預設立場，用理性思辨事情的癥結，往往可以找出圓融解決問題的智慧。孔子說：「浸潤之譖，膚受之愬，不行焉，可謂明也矣。」（〈顏淵‧六〉）不能說有家長哭訴新兵中暑或跑步身亡，就規定超過攝氏二十八度不出操，取消二千公尺練跑的基本功；也不能說偶有處置失當，就廢禁閉室，倘如沒有用訓練與管教來樹立武德與軍紀，又如何有可戰之兵？所以問題不在否定管教與訓練本身的意義與價值，該討論的是其執行與賞罰如何適當，大家不理盲濫情，不因噎廢食，凡事不囿於局部而能通觀整體，我們才眞能揚棄民粹，步向健康的民主。

生活基本功

儒家所講的生命學問，重點雖在生命精神的超越層面，卻也同時落到現實生活的世俗層面中，超越層面與世俗層面原本是一體的兩面，沒有生命，何來現實生活？離開現實生活，又如何表現生命精神？說得更明白些：現實生活是生命精神表現的場域，生命精神是現實生活精彩內容的充實，兩者相融相通，相輔相成，所以儒家的生命學問，其實也是生活的學問。

日常生活中，生命精神的表現，一方面要講道德，一方面也要講藝術。內在地說，道德要有心靈的自覺；外在地說，也必須落到現實生活中去實踐，實踐得合宜，便是一種藝術，要達到合宜，除了要有靈活的巧思，也須具備各種生活的技能，可見生活的技能，也是儒家所重的課題。

《論語》記載孔子自述：「吾少也賤，故多能鄙事。」（〈子罕．六〉）鄙事指的就是日常生活食衣住行中各種看似不起眼卻必須面對的瑣事，這些細瑣小事，雖極其平常，但如果沒善處的基本功，就隨時會影響我們的生活。工商社會，日常生活之所需，只要有錢，似乎都可換取，滿街有中西式早點店、自助餐廳、飯館、下午茶、吃到飽的沙拉吧，何愁不會炊事？各類服飾店、成衣攤、百貨公司比比皆是，何須一定要學縫補？水電行、汽機車店、家具店無處不有，又何必學維修？也因爲有這樣的便捷環境，造成今日的年輕學子抱持「不屑」的心態，不肯也懶得學，所以很少有人培養出生活上各種簡單自理的基本功。其實，外食店爲了省成本，食材常會用劣質品，器皿蔬果等也常因供量大而洗滌草率，這些都不如在家吃來得安心；家具或水電之類的器物小故障，常久候不到工人來維修，機汽車出小問題，又屢遭不肖店工當「大病」醫，坑了冤枉錢，……如果自己具備一些相關的生活基本功，上述諸多事往往都可迎刃而解。

杜威說：「教育即生活。」他的觀點與孔子理念不謀而合。古人重「六藝」，旨在教人能適應當時的生活情境，今日很多通識教育的意義也在此。過去中學生的「工藝」課，或教學生作玩具電風扇，或折摺小板凳，「家政」課或教家庭掛飾的製作，或編織椅靠墊飾，這些雖與生活有關，卻學非所常用；今日如有類似的課程，建議應「能近取譬」，多教如何更換故障的水龍頭、開關保險絲，如何簡易維修汽機車，如何燒菜、洗碗盤，乃至帶學生到市場去分辨何者才是新鮮的魚與少受農藥汙染的蔬果，……能落實這樣的教學，才能成就生活教育。

秒買秒退

喧騰多時的頂新問題食油事件（頂新長期從越南進口劣質油，經過精製，而將它變爲符合國家標準指標的食用油），早已在一般人的心中，醞釀出深惡痛絕的形象，彰化地院一審宣判無罪後，更引起群情激憤，有民眾爲了伸張正義，表達內心的不滿，自告奮勇地在社群網路上，發起「秒買秒退滅頂」運動，引起了不小的迴響，有些網友甚至還讚美他們的行爲是道德勇氣的表現，說這就是一種素人的正義，希望借此爲他們塑造成「英雄」，博取他人大量轉貼，以達到集體宣傳的效果。

考量頂新持有味全公司百分之四十的股權，以爲扳倒味全，就可達到「滅頂」的任務；而美商「好市多」公司爲了友善、信任顧客，有「只要不滿意，無論產品有無瑕疵，有無完整性，消費者都可享受無條件的退貨」之禮遇規定，抓到了這個方便巧門，他們於是就以「好市多」的味全林鳳營鮮奶作爲攻擊目標，展開一聯串的「秒買秒退」行動。也就是說：買到鮮乳後，立刻拆封戳洞，破壞瓶罐原封，再拿去退貨，這樣自己不花分文，就能讓這些破壞過的鮮乳，成爲廢棄品，無法繼續販售，而達到業者蒙受大量損失的目的。

這種「滅頂」方式，顯然把原本應該「打油」的主題，變質為打擊風馬牛不相及的牛乳牧業，罪魁禍首明明是頂新，味全卻無端成了代罪羔羊；而「好市多」對顧客表達「信任」、「友善」的高尚企業美意，也在這種無厘頭的行動中遭到打臉；再加上好端端的鮮奶，竟瞬間讓它變成廢棄物品，這是惡質的暴殄天物，由此所衍生之廢棄物處理，也往往會汙染環境；此外，銷路的銳減，勢必使許多相關的員工失業，也連累到無辜的相關廠商；……凡此，在在說明了這種「滅頂」的作法，不但沒有落實「伸張正義」的初衷，反處處陷為不正義了。

「勇而無禮則亂。」（〈泰伯・二〉）人的勇敢，如果不學習如何用理性去表現，就會使社會造成紛亂，這次出於情緒化的「秒買秒退」妄為行動，顯然是血氣之勇，不是道德之勇，所以這類模式的行為，雖看似有某種正當性，卻不值得鼓勵。

庶民之所以會採取這樣的激烈報復，顯然是對政府無能與不信任之長期累積下來的怨氣發洩，值得為政者警惕；如何從源頭材料、食品履歷、產銷制度，到食品衛生的查驗稽核來統整管理，以確保食安，更是值得政府重視的課題。

社會觀感

就體制上來說，民主制度無疑是人類史上的一大進步。過去專制政體，統治者獨裁，對人民掌握了「殺身」之權，刑事案件，不管證據力充不充足，法官往往可以憑著一己的主觀看法，作出或生或死的判決（所謂人治），人民的生命，可謂全無合理的保障。

到了民主時代，一切以「民」爲主，在法律跟前，每個人都是對列的平等，所以爲了維護實質的正義，法律的制訂（如民法、刑法），對原告與被告，必須務求公正、公平，就連訴訟的程序，也必須講求周到、圓融（如民事訴訟法、刑事訴訟法），以符合程序正義，一個民主的國度，法律的制訂與執行越符合上述所講的法治精神，就表示這是越有水平的法治國家。而法律是維護國家、社會、個人正義的最後一道防線，所以從事法務的相關人員，尤需以「謹權量，審法度」（堯曰・一））的態度來自我期許。

所謂「謹權量，審法度」，具體地就執法面來說，意思是：任何法律案件（尤其是刑法），法官必須完全依據事實的證據來權衡罪行的輕重（所謂「證據裁判法則」），沒有證據或證據力不足的，則不能認定被告有罪，乃至被告所犯的罪行，如果法律沒規定清楚的，也不能任意開罰（所謂「罪刑法定主義」、「無罪推定」），否則豈不違背「法治」精神，而又淪爲「人治」的窠臼？因此檢察官要負起齊全的舉證責任，這種責任，不單要提出被告有相關行爲之表現的責任，更要具鐵的罪證事實，且對法官有無法質疑之「說服力」的責任，否則法官就不能僅憑「社會觀感」，而作出對被告有利或不利的判決依據，因爲民主時代，原告與被告兩造都是「民」，都爲「主」，在法律面前人權都是對列平等之故。

「社會觀感」出於民眾「崇善厭惡」的心理反應，也有時因於公眾人物或有立場的媒體加油添醋所強化來的激情，不論如何產生，它們背後隱涵有一股想「追求實質正義」的訴求，而法官判決除了要符合「實質正義」，也同時要兼顧「程序正義」，也就是說法官的裁決基礎在理性的法律，而不是公眾意見。所以當法院判決不符國人期望時（他不是神，當然有可能誤判），我們不能用民粹的激情去抗爭司法，應冷靜分析到底是檢察官舉證不足，或法官對法條的錯誤解釋，或因立法欠缺相關的詳細對治條文，乃至或因於自己的偏見所致；能檢視自己，及時依法採合宜的措施來救濟，以求判決終歸合理，這才符法治素養的作法。

弔詭的政治語言

政治是管理眾人的公事，管理是爲了增進眾人的生活福祉而管理，爲了實踐政治的理想而管理，換句話說，從政者本質上都爲了「行道」，爲了奉獻才出來的，古今中外的政治人物，都應持懷這樣的理念作爲從政的基本原則，政治才能展現它的意義與價值。

以前專制時代的統治者，如果政治腐敗，人民生活痛苦，到了忍無可忍的地步，便會有人起來領導群眾，用武力來推翻它。這種取得政權的方式，必會付出傷亡的慘痛代價，當然不如用多數的選票，來決定由誰執政，更具有民意基礎；所以就政權輪替的手段而言，這種和平的民主選舉，無疑是當前最爲合宜的方式。

然而這不是說用民主方式選出來的，一定是好的人選，選對或錯，全靠多數選民的智慧。對於候選人，除了平日觀察他的爲人處事態度與政治取向外，競選時政見的發表與辯論更是値得參考的指標。以總統候選人來說，他所講的政策，就是將來要領導國家走的方向，也等於是對選民的預先承諾，所以每一項政見，都必須清楚、具體且可行。所謂「清楚」，就是他的政見與他平日所堅持的政治立場沒有衝突，遇到可疑的矛盾，必須明白釐清，而不含糊；所謂「具體」，就是如何落實政策的方法及步驟，必須交代得有條不紊，遇到可能的瓶頸，要清楚交代採用何種有效的配套措施來突破，以求合宜的解決；而所謂「可行」，就是政見會同時考量到國家當前的處境與艱難，依這樣的現實困限，儘量去做所能做的事，而不空懸理想，去橫衝直闖，以致無謂製造出國家的危機與傷害。

「政者，正也。」總統候選人尤應秉持公「正」的心，去爲國家社會奉獻，所以政見更要清楚、具體、可行，以合於正。如果過去堅決反對敵黨的執政者開放美豬，強占立院主席台五天四夜，以不「出賣國民健康」、不「傷害豬農」，瘦肉精「零檢出」爲訴求，如今卻又主張比照日韓標準，明顯矛盾，這便不「清楚」；一向主張反核廢核，提倡昂貴的綠能開發，卻又保證不欠電不漲電費，而避談配套措施，這便不「具體」；一方面不廢獨立建國黨綱，不承認「九二共識」，卻要兩岸「維持現況」，這便不「可行」，……總之，這類「譎而不正」（〈憲問．一五〉）的弔詭政治語言，顯然只是譁眾取寵的美麗伎倆，必淪爲與民爽約的謊言。

我們的教育很需要講求道德理性，只有培養出多數的明智選民，對無理的政見不必等待時間檢驗，大禍臨身，當下就會看穿它、封殺它。

灑脫與性格

《論語》記載：有一次，孔子回答子路問政，說首要之務應從「正名」開始，其實不只從政要「正名」，如何才是好的做人處事態度，也一樣要「正名」，否則，概念混淆，很容易把「隨便」當「灑脫」，把「自大」當「性格」。原本應該厭惡的個人言行舉止，反而成爲崇拜而想效法它了。

「灑脫」、「性格」的表現，近似古人所謂的「狂者」特質，它原本指一個人的志向高遠，一切依著他的理想去實踐，他不會吝於讚美別人的好，對其不好，他會直指其非，不留餘地，而對自己的不是，也會坦白認錯，直下承擔，由於只問是非，不分你我，言行直來直往，沒有掩飾，所以容易得罪人，而做事也往往不知謹守中道，難臻圓融，這種人（如子路）表現雖仍多偏失，但內中蘊存有一股強烈的道德意識，且爲了想成全善，成就心目中的理想，而時時積極奮進，「狂者進取」（〈子路．二一〉），簡賅的一語，充分說明了這種人的灑脫與性格。

「隨便」、「自大」當然和「灑脫」、「性格」很不一樣，它不但敢於批評別人，還變本加厲地用惡質的語言（如「給你死」、「混蛋」、「腦袋透逗」）來罵人，或講一些風涼話（如「適合坐檯」），它批評人不一視同仁，而常黨同伐異，類似的表現，對別人與自己人採取雙重標準（如對敵黨首長勘災住國軍英雄館，就說他「沒心與災民在一起」，對自己人勘災住五星級的飯店，則說是「安全考量」），這種人一旦掌權，爲了裝灑脫、耍性格，不思索如何超越前朝，推動大政策，以更便利民生，反趁勢利用權力，試圖來霸凌、醜化、抹黑前朝（如自設體制外的「廉政委會」來指揮體制內的「政風處」調查，僅憑「聽說」就想入罪於人，認「社會觀感不佳」，就要查辦大巨蛋等「五大弊案」，動員大批人力，仍找不到碴，只好改口「五大案」，而雷大雨小地草草收場），即便別出心裁地規劃了一些小政策（如「行動派出所」、「廢除國小寒暑假作業」），卻也因思慮欠周或配套不足，而爭議不斷，……總之，由「隨便」、「自大」的人來掌政，常會把政治當成玩家家酒，爲了塑造「灑脫」、「性格」的假象，來取悅自己的選民，寧可自創實驗性的「新政」，也要儘量避免「概括承受」前朝，欠缺穩定性與持續性，就有礙於健康政治的推展，到頭來吃虧的，還是整個國家、社會與選民。

善良的選民應該清醒：爲了滿足一時的新鮮快感，可別把政客的「隨便」、「自大」，當成「灑脫」、「性格」，讓自己爲他付出無謂的代價。

讀書

文化是人的心靈表現，心靈用到科技上，就會創造出許多便利的器物；用到藝文上，就會產生很多優美的藝術、文學作品；用到思想上，便會開發許多深邃的哲學理念；……要之，不論內在或外在，心靈的發用，是促進文化充實、成長、進步的原動力，這正是人類之所以異於禽獸的地方。

心靈要充實，文化要傳承，要發揚光大，主要須借助於閱讀，而書無疑是閱讀的要項。只要我們肯花時間讀好書，就可以汲取他人畢生思想的精華，讓自己增長智慧；或從科學研究的成果中，獲得更新的知識；或從史學家獨特的見解中，陶冶出高瞻遠矚的史觀；或從文藝作家嘔心瀝血的創作中，讓自己的情感昇華；……總之，讀書可以讓我們的心靈得到啟發與感動，使生活更覺充實、飽滿，而有益於精神生命境界的提升，此所以有很多知識分子都說工作再怎麼忙，每天也要想辦法抽出一兩個小時來讀書。

曾幾何時，我們社會的讀書風氣不再，車上已難得再有看書的人，倒是不分男女老少，處處可見滑手機的；看書的人少，買書人自然銳減，於是台北往昔熱鬧非凡的著名書店街顯得冷清，店面雖大，卻門可羅雀，泰半業者苦撐不下，只好關門收攤；其他地區書店，除了中小學生的各科參考書、漫畫書和休閒、旅遊、理財、算命之類的書還有賣點外，其他文藝乃至文化、哲學方面之有深度的書籍，買的人更是鳳毛麟角，讀者群越少（據報載，二〇一四年台灣買書的，平均每人才兩本），出版商顧及成本難回收，就越不想出書，一些不出名的相關作家與學者，不但拿不到版稅與鼓勵，還往往需要自掏腰包，委請書商出版，就這樣惡性循環，寫書的人最後只好無奈地跟著封筆，我們於是在不知不覺中逐漸淪爲「文化沙漠」的社會。

讀書的人越多，就表示我們越有文化的氣息，「學如不及，猶恐失之。」（〈泰伯・一七〉）如果人人求知若渴，把讀書當成每天必吃的飯，必睡的覺，必享受的休閒，長期累積，我們的生活會很充實，心靈境界會大幅提升，一般人每天都花很多時間滑手機，主要是與群組成員閒聊，或傳送一些即時的無謂訊息，或玩線上遊戲，或欣賞轉寄來的圖片、影片，或讀一些零碎的知識，這些雖可暫時填補生活的空虛，卻也容易傷眼，且無助於心靈的滋潤，蹉跎了歲月，實在划不來。

所以聰明的朋友，請多讀書，少滑手機。

停車位

經常以車代步的朋友應都會發現：不管大都會或小市鎮，市區裡，往往在路旁找不到停車位，尤其在晚間，路上兩旁的免費停車位已被擠爆，原本八米寬的馬路，已不便往來車輛並列通行，爲了閃避對向來車，還得小心翼翼利用路間錯開；到了目的地，花了不少時間兜好幾條街的大圈子，才勉強找到停車位，開車原本爲了方便，如今反感不便，這樣的罪受，很多開車族都應體驗過。

大都會的公車及捷運系統，有效紓解了交通的壅塞和停車問題，但仍有很多無法克服的限制，尤其在尖峰時段（如例假日或民俗節日），連國道高速路也擠得水洩不通，即使相關單位祭出高乘載（車內須坐滿四人才准上路）管制，也常因車輛過多，高速路成了慢速道，乃至成了「臨時停車場」，……凡此種種現象，說明了台灣幅員狹小，不適合鼓勵國人多買車、開車。

然而時代在進步，「開車」似乎也成了無法阻擋的時尚，三十年前有車的是稀罕，三十年後的今天，有車的則是稀鬆平常，也因爲成了一種潮流，沒車的反易被人酸爲「落伍」、「固陋」。

對一般年輕人來說，「有車的才拉風」的念頭，似乎深深烙印在他們的腦海裡，因此，一些不知天高地厚打零工的在學生，爲了趕時髦，就是貸款，也要買車，開車之後，才發覺光是牌照稅、燃料稅、保險費已讓他們頭痛，更何況定期維修及每個月必須支付的油資及停車費，常讓他們入不敷出，苦不堪言，撐不到一年，只好以折舊價認賠轉讓，慘痛的教訓，應會使他們終身難忘。

「奢則不孫，儉則固。與其不孫也，寧固。」（〈述而・三五〉）要不要買車一方面要考慮個人或家庭的實際需要（不需要而買，便是奢，便不順用錢的正道，這就叫「不孫」），一方面也要衡量當前自己財力的現況，總之，錢要花在「務實」（需要）上，而不「務虛」（趕時髦），這才能凸顯它的意義。

其實，騎腳踏車、機車，穿梭在市區的大街小巷，既便捷又好停車；偶出遠門，僱計程車，一則可照顧到經營小黃者的生計，再則可免除自己開車的勞累，就費用言，也比買車終年自開的划算，況且少我一部車，社會就多出一個停車位，減少市區一分擁擠與汙染，這也是一種道德的實踐。眞的，如果不很需要的人都不買車、開車，我們應會有足夠的停車位，也會擁有較爲寬敞的市容。

全民健保

「全民健保」的制度實施到現在，已屆滿二十年，這項美好的「德政」，一路走來，雖跌跌撞撞，但整體說來，它普遍減輕了庶民醫療上的龐大負擔，這是大家都很能感受到的。《論語》記載子貢之問：「如有博施於民，而能濟眾，何如？可謂仁乎？」孔子答以：「何事於仁，必也聖乎！堯舜其猶病諸！……」（〈雍也．二八〉）「全民健保」無疑就是一項「博施濟眾」的德政，我們做到了連古時聖王堯舜都恐怕做不到的政績，可謂是我國史上破天荒的創舉，難怪世界很多國家的人民都很稱羨我們。

「生、老、病、死」是人生必經的歷程，死所當死，誰也不必遺憾，只是人之死，往往因病而來；古時醫療技術不發達，再加上家境大多貧寒，沒錢就醫，很多不該死的小疾，就在這種情況下，讓它自然延誤成大病，終致不治，想來不禁令人扼腕。今天在台灣，不只醫學發達，又有「全民健保」機制的協助，一般庶民都看得起病，嬰兒出生，就有各種免費疫苗施打，上了年紀的人，每年還有各種免費的健康檢查，人的壽命因此普遍延長，這些可說都拜「全民健保」之賜，從這裡看，台灣人眞的很幸福。

由於開銷龐大，國人所繳的健保保費，雖經幾度調高，仍然入不敷出，要再上漲，唯恐一般人反彈，怨聲載道，不上調，明顯將告破產、斷炊，所幸專家與學者的集思廣益，通過立法，從利息、薪資等等高所得者中，加徵一小部分，作爲補充保費來挹注，才使得這項美好的制度，得以暫時維續，但從長遠來看，除了「開源」，如果主管機關不多從「節流」上努力，我們最後還恐難逃「健保」破產、停擺的命運。

在「開源」方面，適當時機當然可以調漲，對高收入者維持目前微量的加收補充保費，應也可以獲得諒解，爲專挹注保費而發行彩券，似也可以考慮。至於「節流」方面，目前最受人詬病的諸如：藥價黑洞、醫藥浪費、資源分配不均、醫院用遊民報假帳、以人頭假住院、作假資料騙錢、裝病而長期代海外親人取藥……等等，這些流弊，除了透過醫療連線追蹤，不定期抽檢可疑病資外，根本之道，還是在加強國人道德教育的陶養。

只要人人體識「健保」的莊嚴性，不舞弊，不貪小便宜，就可消泯上述之弊端，而讓「健保」永續經營下去。

追雪

由於人類過度消耗能源，所產生的嚴重「聖嬰」現象，造成了可怕的極端天候，這些日子，台灣籠罩著極不尋常的「霸王級」寒流，不只高山厚厚積雪，連素來不降雪的平地，很多地區也紛紛傳來有下雪的報導，不管所下的到底是雪還是霰，都令人嘖嘖驚奇。

地處亞熱帶的台灣，難得的下雪，自不免會引起很多好奇的民眾上山賞雪，這個區域還看不過癮，聽說別處也下雪，又乘興追逐到另一地方去，一時之間，「追雪」的狂熱，早已將可能的「危險」，拋之腦後，不禁令人爲他們捏一把冷汗。

《論語》記載孔子平素的生活樣態，雖「申申如也，夭夭如也」，但對可能的危險，他一樣很小心謹慎，「迅雷風烈，必變。」（〈鄉黨．一五〉）遇到閃電、打雷，或刮強風，他都會一改平常從容的態度，留意面對可能的災禍，隨時作應變的準備，可見他很具警覺心，不讓生命受到無謂的傷害或犧牲。上山追雪的民眾也應抱持這樣的態度，作好萬全的行前準備，禦寒的衣物、熱食的配套用具、可能需要的藥物、必要時加掛車輪的雪鏈……等等，都當一應俱全，以免樂極生悲，造成凍僵、車輛打滑墜谷等等的憾事。

寒潮之來，對休閒娛樂族而言，雖可多一些景點的賞玩，體驗一下終身難忘的「追雪」樂趣，但這樣的「霸王級」酷寒，卻也造成全台一百多人凍死，很多慢性或心血管疾病的患者，也因撐不來而紛紛看診、住院；一些必須暴露在外的工作人員或遊民，更是備極辛苦，而農、漁產業的災害，更不計其數；報載各地魚塭中的各類養殖魚，多數暴斃，蔬菜凍壞，草莓、小番茄覆雪，高接梨、枇杷、荔枝等等水果亂了時序，……凡此因寒害所帶來的各項損失，使很多相關的農友、漁友的辛勞一夕泡湯，欲哭無淚，想來十分令人同情。

瘋狂「追雪」的朋友，一心只想把握難得的機會去「追雪」，輕鬆的心情哪會去考慮嚴肅的問題，如果說他們興高采烈在雪地上作勢比「Y」，就指責他們「幸災樂禍」（其實他們只是「幸追樂雪」），也未免太沉重，只是在玩樂之後，除了腦裡滿載著「追雪」的美好回憶外，對社會之寒害乃至其他變故，還是要學習心存一份關懷，畢竟，有「人飢己飢，人溺己溺」的道德心靈自覺，我們才會發心立志，而生發一股爲社會服務、奉獻的願力，而不會只想求一己的歡樂。

我們只有一個地球

從十八、九世紀歐美國家掀起了「工業革命」以來，人類的物質文明便不斷隨之突飛猛進，科技日新月異，加上資本主義的崛起，在因勢利導下，全世界不管那個國家，幾乎都在講求物質享受，也都追求經濟成長；經濟要成長，就必須要擴大生產，也必須多方刺激人的物慾，誘導大家多消費，就這樣，能源不斷消耗，垃圾大量增加，整個地球因爲人爲的汙染，而負荷過度，臭氧層破洞越來越大，「聖嬰」現象連連發生，天候異常，旱災洪水……等等禍害接踵而至，於是一些仁人志士提出「我們只有一個地球」的警告，呼籲大家要加強環保，以減少天災。

「我們只有一個地球」這句話的意思，就是要大家愛護地球。在浩瀚的宇宙中，直到目前爲止，天文學家還沒發現有任何一顆星球，能像地球一樣，充滿著生氣，孕育萬物，提供人類各項資源，讓我們多采多姿地生活；它厚德載物，不求回報，這是上天賜給人類最珍貴的恩典，也是人類的最大福氣，我們更應該要惜福，不可隨意糟蹋、傷害它，人人能培養出這種「居處恭」（〈子路・一九〉）的敬謹態度以對，自能生發一股「愛護地球」的強烈意識，環保的工作便不會流爲口號，而能順利且有效地推展。

只要人有道德意識，能愛物惜福，我們就隨時可以作好環保。科技的進步，固然生活用品不斷推陳出新，不斷生產，但至少我們仍可努力把環境的汙染傷害降到最低，比方說：研發精緻品質的家電，延長使用壽命，避免三、兩年就故障而必須棄舊換新（以前的電扇、電鍋可以一用就二、三十年，今日科技的精進，如何不能製造得更好，更耐用？）不同廠牌、型號的手機充電器，可以要求國際統一標準規格，不論新機舊機，都可永久一體適用，就不致換了手機，連同好好的舊有配件也得一并拋棄；喜餅等之類的禮盒，也應重實質，而不作不必要的「虛華」包裝，即便必須包裝，也應儘量採可回收的材質，……凡此各家廠商都能配合，垃圾大量減少，就能保有較好的環境。

個人的環保習慣當然更要養成，時時自我負責，不隨手丟棄垃圾，就不會看到走廊護欄到處瓶瓶罐罐，也不需每次都要那麼多的志工到海邊「淨攤」；不亂丟菸蒂、果皮、塑膠袋，不亂吐檳榔汁，馬路就顯得乾淨；乃至出門自備碗筷，都可減少垃圾量。眞的，「居處恭」，作環保，地球會更好。

感恩的心

現實社會中的人，由於受到「現實」俗世的習染，每每多從「功利」的角度去看人，所以很難存有感恩的心。一個熱心的醫師，成天忙碌地爲病患看診，還時常延誤了用膳的時間，卻被說成他是爲了賺錢；一個專注的老師，辛苦地批改作業，教導學生，卻被說成他的從事教育，是爲了謀生；一個麵攤的小老闆，在熱鍋旁作菜煮麵，服務顧客，卻被說成他做生意是爲了牟利；一個作家，絞盡腦筋寫好文章發表、出書，卻被說成他是爲了稿費、版稅，爲了出名；乃至一個清潔志工，每天一大早便出門掃街，維護環境的乾淨，卻被說成他是爲了裝好人，博取名聲；……總之，如果大家都戴著「功利」的有色眼鏡去看，社會上就沒有一個人不自私，沒有一個人的人格值得崇敬，人際間便成了只是爭逐名利的關係，社會也只是一個冷酷無情的社會。

人要生存下去，必須工作、賺錢，以獲取生活上的各種需求，所以「賺錢」，原也是天經地義的事，無所謂自私不自私。人不管從事那種行業，擔任何種職務，只要具正當性，對自己有利，對別人也一樣有益，對自己是謀生，對社會也是一種奉獻（社會上有少數的黑心企業主，爲了節省成本，用非法的劣質原料製作食油，或偷工減料，蓋危樓販售，諸如此類之只圖一己的暴利，不顧他人的死活，這樣的行徑，才眞正叫「自私」），「合於道」的社會原本就是「互利共生，相互成全」的社會，每個社會成員在他的工作崗位上努力，盡其所能，其實或多或少，直接或間接，都具有「服務社會」的性質，沒有大家的各方面服務，我哪能有生活的方便？哪能舒適安樂地生存下來？因此，我們乃原則上都要對每個人，懷著感恩的心。

醫生花了好久的時間習得醫術，治好我的病，解除我的痛苦，能不感恩嗎？老師耐心指導我的課業，啟發我做人處事的智慧，使我受用一輩子，能不感恩嗎？買麵的煮成熱呼呼的麵食，解了我的飢餓，省了我自作飯的麻煩，能不感恩嗎？，作家、學者用心研究、創作，作品啟迪了我的心靈，昇華了我的感情，能不感恩嗎？不管氣溫多低，天未亮，志工凍著手，仍拿著掃帚掃街，使我每天都能看到乾淨的市容，能不感恩嗎？……只要我們多從正面看人，就會「樂道人之善」（〈季氏．五〉），甚至對讓我們幫助過的人，都會感恩他給我們實踐道德的機會。眞的！多存感恩心，這個社會就會變得有情有義，更加祥和。

服裝

從外表看，人跟禽獸最大的差別，在人有穿衣服，禽獸赤裸裸，一絲不掛；文明與野蠻的明顯分辨，也在一則講究服裝，一則不講究。以前孔子讚美管仲輔佐齊桓公一匡天下，保住了中原文化，說：「微管仲，吾其被髮左衽矣！」特用服裝的不同格調，作為區分文明程度高下的表徵，就暗示了我們，衣著的講究與否，的的確確是文明的一項重要指標。

古時的政治人物，上朝、參加大典或在公家場合辦公，必須著官服，用衣服顏色的不同，來表示官階的差異，且就官服上不同的刺繡，分別文官或武官的屬性；今日雖已無官服，但法院開庭，法官、檢查官、律師乃至其他的法律人，都必須穿上法袍（黑底的法袍，各在袖口、領口邊鑲上不同的顏色，以為職分的區別：法官鑲藍，提醒要公平、公正；檢查官鑲紫，提醒要讓犯過的人悔罪；律師鑲白，提醒辯護要忠誠，其他書記官鑲黑，公證辯護人鑲綠，公證人鑲紅，通譯鑲茶色，也都各有它的義涵），總之，公務人員辦公都須穿「公服」，它的目的，就是要借以提醒著裝人：他現在所面對、處理的公務，具有相當的神聖、莊嚴性，時時要抱持著敬謹的態度，不可等閒視之，而隨便、放肆。

公家的事務有莊嚴性，私人的事務一樣也有它的莊嚴性：爲了表示潔淨，看診的醫師及隨班護士都要穿著白色的袍服；到法會上誦經，道士須穿道袍，僧尼要穿海青，這也表示了法會的莊嚴，與誦經的眞誠；今日民間有婚喪喜慶，前往慶祝或弔唁的人，即便不著西裝禮服，至少也得穿戴整齊、嚴肅，絕不宜穿著休閒服、拖鞋之類到場，否則即使無心，也易被誤解爲「有意」不把對方的重要場合當一回事，這顯然是失禮的表現；……衣著的講究之所以爲文明的表徵，於此可見一斑。

回頭看我們的立委，堂堂國會殿堂，備詢的中央官員個個西裝革履，正襟危坐，一些立委竟穿高球夾克、套頭衫、牛仔褲、球鞋之類進場，「君子正其衣冠，尊其瞻視，儼然人望而畏之。」（〈堯曰・二〉）不尊重自己是由多數選民神聖一票選出來的議員，不把國會殿堂的莊嚴當一回事，穿著隨便，不檢束自己，動輒便對官員咆哮、拍桌、辱罵、丟鞋、撥水之類的「鄉民」問政品質，當然就提升不起來，這又如何讓國人尊敬，如何讓自己成爲社會人或學生的行爲典範？所以要樹立好立委形象，提升立委的問政水準，應先從「服裝」的自我要求做起。

選系

以目前台灣所設計的知識教育學程來看，大體說來，國中小學所教的是各種人文與自然科學的通識教育，高職所傳授的是各類職業技能的基本訓練，高中則是通識教育的進一步延伸，目的在為大學的專業課程，打好紮實的學習能力；而大學的科系繁多，分門別類的專業化學習，從此分流地培養學生各自發展從事某種行業的能力，將來好為國家、社會作那方面的服務與貢獻；至於研究所，則在培養各專業領域的研究人才，透過他們學術研究的成果，來提升各領域之內涵的深度與廣度，以帶動各行各業之「質」的發展與進步，從而整合、展現全面性的文化風采，以使大家在物質與精神生活上都有更好的品質享受。

從事任何正當的行業，都是直接或間接在為國家、社會服務、奉獻，所以「職業無貴賤」，就此而言，考生想就讀的科系，乃原則上要遵照自己的能力、興趣與志向來選塡，這樣，才容易事半功倍，成就學習，讓自己有機會成為這方面的英才。然而，就現實境來說，每種行業的出路不同，「錢途」不同，因此產生了所謂「熱門」科系，相關科系也因為出路好，「錢途」佳，而隨之熱門起來；以台灣目前的情況來說，文科以財經貿易與法律的相關科系屬熱門，理工科以醫學、電子、電機、建築、生技等相關方面的應用科技學系屬熱門，至於文史哲、傳統藝術與教育方面的科系則屬冷門。對熱門科系，不管有沒有興趣與能力，大家幾乎都一窩蜂地擠破頭想進；對冷門科系，即使有興趣，也常乏人問津，所以就讀它的，很多是因為進不了熱門科系才勉強屈就的，眞正對它有興趣而選塡為第一志願的人很少。

就文、史、哲言：文學可以陶冶人的藝術與性情，史學可以開拓人的眼光與見解，哲學可以提升人的生命境界與智慧，要之，三位一體，都在充實人的心靈，提升「人」的品格，由於它蘊涵有人生「眞、善、美」的境界，可以引領人看到「宗廟之美，百官之富」（〈子張・二三〉），所以對人的精神陶養非常重要，今日大家都有高度的物質生活享受，卻普遍心靈空虛，人人自私、功利、短視、迷糊，不知人生眞正的意義與價值在哪裡，這與對文史哲之忽視甚有關係。

心靈的充實需要文史哲工作者來奉獻，現代人普遍欠缺且需求的正是這一區塊，對從事文史哲者而言，這應是很大的出路，然而為了糊口，很多人一畢業只好改行，學不能致用，平白浪費了國家的教育資源，值得為政者思考補濟之道。

活化經典

中華文化是世界主要的文明之一，它的內容浩瀚，為了方便了解，古人把它歸為經、史、子、集四大類：「經」講的是「天人合一」的人生常道，是人倫日用中之做人處事永恆不變的道理；「史」是由各類題材寫成的歷史，用以表述各朝代的興替，與國家、社會各方面發展的事實；「子」是歷來各傑出思想家所提出來之各種有深度的見解；「集」則主要是蒐集個人之文學創作，包括散文、詩、詞、曲、小說……等等，四者之中，「經」是傳統學術文化的精神總括，是學術文化的根源，故居於首要的地位。

發揚文化，當然對經、史、子、集都應該研究，乃至要創作立說，承先啟後；在世衰道微的年代，尤其要重視、發揚經學，拿文化的根源精神，來喚醒每個人的心靈自覺，以拯救現實俗世日趨「失德」的危機。在作法上，可一方面借著學術的探討，讓經典深邃的義理生活化、淺顯化，以使人易懂；也可一方面透過國文的翻轉教學，使學生從所學的生活實例中領受經典義涵，從而培養出他們的道德意識；而教師更要以身作則，現身說法，深許自己努力由經師兼為人師，這樣道德教育就能達到「風行草偃」的功效。

歷來學者對經典的研究，不外三個方向：一是訓詁，側重在對經文字句之形、音、意的辨正及註解；二是考據，側重在對經文內容所提及之相關的人、地、時、事、物作一番深入的考究，旁徵博引其他書籍，對比、辯證其中的眞僞，從而還原經文之意的本來面目；三是義理，側重在對經典所蘊存之背後的精神義涵的探討，以從中求得可資啟迪世人的智慧。訓詁與考據，用意只在協助人釐清經文表面的眞意，這是工具價值；義理的疏解，才眞能揭發經典常道的精神，這才具目的價值，「君子學以致其道」（〈子張．七〉），古來走訓詁、考據之研究路向的論著已汗牛充棟，今後相關學者對經典之研究，尤應側重在「目的價値」之義理的疏解，而且要活化經典，讓它所涵的常道，貼切地結合時代的脈動，具體呈現日新又新的品貌，這樣世人才易摒除對它古板、冷僻冷僻的印象，而願親近它，學習它。

傳統的經典教學，常只「照著說」，光就字面上解釋，很容易讓學生誤以爲經典只是束縛人的嚴肅教條，今後教師尤應加強研習經典精神，活化經典，多舉切身的現實生活例子，「接著說」，以使學生領悟原來道德乃是成全人性的處世瑰寶，而陶醉其中。

養生

醫學的進步，使很多以前不癒之症，現在都能獲得有效的治療，加上如何「養生」的知識，透過各種媒體管道的普遍傳遞，以及各種保健補劑品的問世，使國人的平均年齡有逐步增加的趨勢，這是可喜的現象；然而還是有不少的人，由於工作的忙碌，生活步調的緊張與隨便，不注重飲食，也缺乏運動，對作息又常不按照規律，導致健康亮起了紅燈，英年早逝，實在可惜。「死生有命」，很多病出於遺傳，或因於大環境的影響，非己力所能克服，實也無奈，但如能盡後天的努力，好好「養生」，對病情的改善，應有裨益，即便仍然遭來不幸，「順受其正」，對自己也當了無遺憾了。

所謂「養生」，其實不必定要花很多錢，在飲食方面，只要留意食品衛生，蔬果魚肉兼顧，營養均衡（昂貴的食材未必就比較有營養），少油、少鹽、少糖，吃得清淡，……這些雖是老生常談，卻是「養生」的基本功，尤其應避免暴飲暴食，「食不厭精，膾不厭細。」—（〈鄉黨・七〉）不要因爲筵席上菜餚的精緻，魚肉的美味，就受到誘惑，大快朵頤，而撐脹肚子，每餐八分飽，寧可少吃多餐，否則會因爲營養熱量過剩，造成肥胖，隨之心臟病、糖尿病、中風、肝腎膽等等的疾病，就容易上身，眞的，人身有限，我們不可貪婪飲食，讓器官過度負擔，這才是「養生」之道。

人天生就是動物，所以要活就要動，活動筋骨，可以幫助血液循環，促進新陳代謝，對身體有莫大的益處，所以要「養生」，每天都應該選擇自己之所好（如慢跑、打球、游泳……等等）花半個小時以上來運動，雨天不便外出，也可在室內作毛巾操、甩手或打太極拳、外丹功之類的中國功夫，透過運氣，讓五臟六腑獲得「氣」的滋補，而延年益壽。

而不熬夜更是一種養生。古人依大自然運行的道理，把一陽初動的子時（夜十一點至凌晨一點）作爲一天的開始，人體的生理時鐘也順著它來運作，「休息是爲了走更遠的路」，「休」是暫停，「息」是滋生，是精力的儲備，到了深夜十一點還不睡，就會妨礙人體的潛陰滋陽功能，所以除非萬不得已，切忌熬夜，睡眠顚倒，否則肝膽受損，免疫力下降，對健康大有傷害。

養生之道很多，一時也難說完，總之，人由天生，就應順著天道，順著大自然，從天限中知所自我節制，「天人合一」，這就是最好的養生之道。

街友

每到歲暮，各地方的善心人士，為了表示對街友的關懷，常例行性地舉辦各類「寒冬送暖」活動，不但送衣被、紅包，還為他們設大型的尾牙宴，聽說台北萬華地區甚至有辦上千桌的規模，在這裡，我們看到了人間的溫暖。

媒體報導：據調查，全台灣的街友人數，還不到四千名，光就台北市來說，大約六百多人，主要分布在台北車站的周遭及萬華的艋舺公園一帶，就年齡層而言，五十到五十九歲的人數比例最多，約占四成，依目前現有的登記資料，最年輕的只有二十六歲，最年長的高達九十二歲，他們其實九成的人都有家，主要原因是跟家人處不來，致而離家，淪落為街友。

公園的迴廊、火車站、捷運站，以及其他的公共場所，只要能遮風蔽雨防寒的，都是他們最常駐足的地方，也有一些是在夜晚等商家打烊之後，才窩睡在騎樓下的，第二天商家開門要作生意，才要求他們離開。雖然街友形貌邋遢，衣著骯髒，身上常瀰漫著一股難聞的臭味，帶給附近的居民與行人一些困擾，但多數人認為他們是艱苦人，只要不害人，大家相安無事，大體上也就睜一隻眼，閉一隻眼，抱持著「能容忍就容忍」的態度。

每個街友的背後，都有他的故事：有些是因為年輕時棄養子女，年老了反被子女棄養；有些是更生人，出獄之後，受人歧視，遍尋工作不著，只好淪為街友；有些曾是企業主，後來經商失敗，負債累累，卻又彎不下身段工作；有些因曾為人作保上當，不但傾家蕩產，妻離子散，還欠人一屁股債，終身還不完，心灰意冷，為避開逼債的痛苦，索性去當遊民；有些是懶散成習，無心工作，原本依賴的親人又一一作古，無所依託，只好淪為街友；有些生性古怪，喜歡放蕩不羈的生活，覺得髒亂反是一種浪漫與灑脫，所以樂當街友；……總之，他們大致沒有謀生的意志，只懷灰暗的人生觀，所謂「前景」，對他們而言，簡直是海市蜃樓，渺不可及，故而在街頭打混，過一天，算一天。

街友之所以能長期窩在街頭，主要即因於平日社會一些善心人士的及時接濟，「好仁不好學，其蔽也愚。」（〈陽貨・八〉）除了少數無體力工作者外，與其給魚，不如給釣竿，狠下心來，不再供膳，減少依賴，挨餓了，自會逼他們去找工作，再配合社工老師的心理輔導，及相關單位的職業訓練，並代尋職，這才是讓他們擺脫餐風露宿的根本之道。

輯三

生活的智慧

從於道德理性，從於人格平等，
所謂「父父、子子」，
大家各盡分位上的道德義務，
用理性的態度相處，
自會交互感通，趨向和諧。

過年

民俗是傳統文化特色之一，節日又是表現民俗精神的一個特殊時間點，所謂「義以為質，禮以行之。」（〈衛靈公．一八〉）任何節日之所以能源遠流長，必有它背後值得保留的意義與價值在，只是一般人過慣了固定方式的生活久了，習焉而不察，加上歷代所增添的一些附會的迷信與禁忌，使節日呆板化、形式化，以致有些人感到無聊而不喜歡它，農曆過年就是一個明顯的例子。

「過年」無疑是我國民間最重要的一個民俗節日，所以儘管步入現代，在外的人只要能夠回家，一定會想盡辦法，也要從老遠的地方趕回來，與家人團聚過年，兩岸三地每逢過年，處處車水馬龍，充滿熱鬧人潮，即可見一斑。

「過年」的習俗始於三千多年前的商代，它的由來源於傳說的故事。據聞每到年底的最後一天，有凶殘的「年」獸（或說是出來作祟的「歲」獸）到處吃人，由於牠生性怕紅色，怕大的吵鬧聲，所以除夕夜家人要「圍爐」團聚，聊天說笑，「守歲」不睡，再借用紅色的門聯及炮竹的爆炸聲，讓「年」獸不敢接近。吃完年夜飯，長輩還要發壓「歲」錢紅包給晚輩，用意在壓制可能作「祟」的年獸，使孩子得以保平安；第二天（正月初一）出了門，眼見大家相安無事，便彼此互道「恭喜」。

躲過了「年」獸進犯的一劫，當然希望新的一年大家都能平安、順遂、健康、發財，讓生活更美滿，於是隨之便有各種習俗與禁忌應運而生，諸如：要穿鮮豔新衣，表示新希望；吃橘（吉）子，說好話，不打罵孩子，才能整年吉利；吃魚要留下頭、尾，象徵年年有餘；過年期間不掃地、不倒垃圾，以免掃掉財富；不看診，吃不切斷的長年菜（芥菜），這樣才能健康活百歲；吃年糕、發糕、菜頭糕，才會年年高升、發財、好彩頭；打破杯盤，要說「歲歲平安」；……這些數不完的規矩與禁忌，用意都在借以表達迎接美好新年的希望。

不管傳說的年獸是否無稽，不管各種相關的習俗、禁忌是否迷信，人活在天地間，隨時都可能面對死亡，有今年，可能沒有明年，這種「無常」，豈不象徵著「年」獸之可能時時都要來吃人？所以把握當下，順天而爲，就像各種春節的習俗禁忌，慎獨謹微，豈不更能開創新年的希望與幸福？而從老遠趕回吃除夕年夜飯，豈不暗示了全家團圓與和諧，正是每個人的最大期盼？能想到這些意義，對「過年」哪會覺得無聊而想逃避。

銅像

這些年來，每逢「二二八」紀念日，老蔣銅像都會被一些有心人士噴漆，或拿來作變裝秀，有些地方首長甚至下令要所轄的中小學或公家機關拆除銅像，認爲它是威權時代的產物，民主開放的社會，不應再搞個人崇拜；然而有些人卻認爲他是「世界的偉人」、「民族的救星」，值得追思、懷念，汙衊銅像，等同踐踏自己的信念，也因此在社會上引發了尖銳的對立與衝突。

老蔣銅像在威權時代之所以處處林立，一方面固是要塑造政治領導中心，以讓台灣在危亂中穩定下來，打好基礎，以便來日反攻大陸，求國家的統一；一方面從歷史的角度看，老蔣或未必是「世界的偉人」、「民族的救星」，但確也有他一定的貢獻。試想：八年抗戰，沒有他艱苦卓絕的領導，如像汪精衛一般懾服於日軍，勢必被迫與日本站在同一陣線；沒有國軍的強韌牽制，盟軍未必能贏，贏了，我們同日本成了戰敗國，就不可能成爲世界五強之一，也不可能光復台灣，可見二次世戰的成敗，和國際形勢的改觀，老蔣居於一重要的角色。再就大陸淪陷，撤退到台灣的歷史看，當時局勢混亂，他被迫下野，李宗仁繼任總統，怯於惡劣形勢，飛躲美國，丟下亂局不管，若沒有老蔣的果決領導，撤退台灣，攜大批人員、黃金、國寶，以爲各項建設後盾，且堅守前線，獲得古寧頭大捷及八二三砲戰的勝利，台灣早已赤化，我們與海南島一樣，受到文革與人民公社的浩劫，哪會有今日民主成長的基礎？這些關係著全世界、全中國、全台灣人的命運，噴漆者如何能視而不見？

當然，大陸的失據，造成國共四年的內戰，以及民國三十六年老蔣先遣陳儀來台，所發生的「二二八」事件，造成不少人無辜的傷亡，他也要負起政治上的責任，事後雖借他案槍決了陳儀，自己卻未正式向國人謝罪，撫卹、賠償受害人家屬，尤其爲鞏固政權，刻意掩蓋這段史實，教科書中略而不談，且借實施戒嚴，濫捕無辜，製造「白色恐怖」，這正是今日有人向銅像噴漆洩恨的原因。

「二二八」已歷七十年，史料與個人的口述雖多，但眞眞假假，有待公正史家釐清眞相，我們期許這段史實大白於世，以爲台灣全民免再重蹈覆轍的警惕。

對老蔣一生是非功過的歷史定位，我們應以全方位的理性態度去評價它，要「以直報怨」（〈憲問．三四〉），切勿因狹隘的意識型態而盲目的推崇或仇恨，乃至無端地製造社會的對立與分裂。

恐婚懼生

很多年來，我們社會的年輕人越來越「趕上時代」，流行晚婚、不婚、不生，這種趨勢普遍化、持續化後，隨之而來的便產生少子化與人口老化的問題，如果不設法未雨綢繆，不久的將來，我們很快就會步入高齡社會，生產者少，消費者眾，國力必然衰退，而看不到光明的前景。

不生因於不婚，不婚的原因很多，主要的，除了擔心婚後全家的沉重經濟負擔，讓妻兒受苦外，還擔心將來可能與一般人一樣，步上「離婚」的後塵。人生幾何，與其將來背負經濟的重擔，不如把握當下，好好自我享受；與其將來蒙受「離婚」的痛苦，不如不要跳進這個陷阱，免得自找麻煩，反正有生理的需要，找人「同居」就好，彼此相互滿足，又不必相互負責，豈不一舉兩得？掌握到這個巧門，所以年輕人「同居」的越來越多，「結婚」的傻瓜越來越少。

不婚不生的年輕人看似聰明，其實欠缺智慧。如果一個人只知現實生活的享受，只追求飲食男女的生理滿足，而不顧慮到精神的寄託與心靈的充實，這又與禽獸何異？人如能放大眼光看，宇宙本來就是一個「生生不息」的宇宙，人生也是一個「生生不息」的人生，人活著固然最後都會死，但只要結婚生孩子，我們的生命就會傳承，我們的個人就有化身，正如父母結婚生我們，我們的生命接續於父母，父母接續於祖先，生生不息，永世不竭，如果我們不婚不生，血脈到我們這裡斷了，生命不但無以延續，精神沒有寄託，將來老死，無依無靠，就像日本「無緣社會」中的老人，死了也無人認屍，實在悲慘。

「君子不憂不懼。」（〈顏淵．四〉）年輕人大可不必患「恐婚懼生」症，試想：以前農業社會謀生艱難，大家還不都結婚生很多孩子，子女雖未必受高教育，卻照樣可以有成就；今日的社會謀生容易，只要肯努力工作，不貪求奢華享受，何愁基本生活？即使子女教育費用開銷大，也可申請助學貸款；妻兒有福同享，有苦共擔，越是艱難，越易建立家庭的感情，磨練出吃苦耐勞的毅力。夫妻相處，多從正面想，學習相互體諒，不但各自可以增加道德人格的涵養，還會孕育彼此的情愛；學習把對方視爲自己進德的恩人，共與子女享天倫之樂，天天在和諧的氛圍中，又如何會擔心離婚？

眞的！結婚生子原本是人生「必經的歷程」，極其稀鬆平常，只要調適好自己的心態，並不會有不可解決的艱難，所以年輕朋友，萬勿恐婚懼生。

婆媳之間

農業社會，中國人最喜歡過的是「大家庭」式的生活，一座三合院或四合院的古老屋舍，父母及子子孫孫們兩代、三代乃至四代、五代同堂，共享天倫，不知羨煞了多少人，然而表面和諧的背後，往往蘊藏著一些現實上的委屈，其中最典型「婆媳之間」的相處，尤其成了普遍的問題所在。

古時的家庭，講「三從四德」，女子嫁進了門，成了媳婦，便要事奉公婆，相夫教子，任勞任怨，料理家務，丈夫的話要聽，公婆的話更要從，即便再怎麼不合理，仍得委屈自己，吞聲忍氣，唯有如此，才能保持和諧，也才算是孝媳，就這樣一代接一代，久而久之，當媳婦的好像理所當然地都該認命於委屈，當婆婆的也好像天經地義地可以自抬身價，頤指氣使。等到媳婦熬成了婆，她好像又找到了宣洩、補償的出口，忘記了自己委屈的慘痛，又如法泡製地對待她的媳婦。面對這種惡性循環的表面和諧，引生了很多人對「禮教吃人」之大家庭制度的不滿，於是連帶地起來抨擊儒學，想推翻傳統文化。

誠然，嫁過來的媳婦到一個新的環境，在生活習慣等等方面，不免會有一些與夫家格格不入，如果硬要用娘家的方式來過，以一對眾，很可能會引發一些無謂的磨擦，生活習慣等等是好是壞，往往見仁見智，大家生活久了，自會朝較理性的一面調適；儒家要女子講「三從四德」，不是專對媳婦講，也同樣針對婆婆講，這不是在壓制女性，而是在事緩則圓之相忍相容中，借以促進大家庭和諧的一種處世藝術。講「從」，是要從於道德理性，從於人格平等，所謂「父父、子子」，用到婆媳之間來，媳婦要講孝，婆婆也要講慈，大家各盡分位上的道德義務，用理性的態度相處，自會交互感通，趨向和諧。

如果婆婆想到過去當媳婦時所受到的委屈，那爲什麼要把這種討厭的行爲模式複製給當下無辜的媳婦？如果不喜歡女兒出嫁，也可能受到婿家不合理的待遇，那爲什麼要再對別家的女兒（媳婦）施以相同的待遇？過去的苦痛給了我「不可再虐待媳婦」的智慧，這就是上天對我最大的補償，我又如何可對爲我家傳宗接代、含辛茹苦協助建立家業的媳婦恩將仇報？「己所不欲，勿施於人。」（〈顏淵．二〉）婆婆學習到這樣的德養，大家自可處得祥和。

今日多爲小家庭型態，婆媳分住，已少有上述的問題，但社會中老兵欺新兵，老鳥壓菜鳥的情形仍很普遍，值得當事人比照省思。

謙卑

政治是管理、服務、奉獻眾人的事，眾人的事無窮，除了要讓老百姓過好的物質生活，也要讓老百姓擁有美好的精神生活，說得再具體些：除了要講食、衣、住、行的舒適與便利，也要重視育、樂的精神陶冶，所以從政的意義，不只要成就人的現實物質生活，也要協助成就人文精神價值的創造，這就爲什麼中央或地方政府，除了要設立相關的交通、經濟等等執行部門外，還要設立相關的教育、文化執行部門。

政治既是全方位的，主政者要造就全方位的價值，自要有「廣納百川」的心量，肯定、敬重社會上每一樣事物的價值，因此如果有外國貴賓來交誼，送上懷錶，就不能開玩笑說它是「破銅爛鐵」。到外國去考察，人家餽贈文創木章當見面禮，就不能隨興說「這就是給那些窮極無聊的人玩的。」「我來看市政的，不是來看藝術的。」這不但有失外交禮節，排斥了人家的美意，間接給了相關文創消費者難堪，還直接損害到國家的形象，也凸顯了自己對全方位政治認知的淺薄。

一人之力有限，政治各方面的專業無窮，主政者自當要多向人請教，不能師心自用，外行充內行，憑直覺行事，否則極易自淪爲傲慢與偏見，以爲權力就是眞理，致而對主觀上認定爲有問題的所謂「弊案」建物，不依法定程序，說拆就拆，借以表示自己有魄力，或勒令它「無限期停工」。這種不尊重法治的民粹作法，已喪失世人的信任，以致造成很多公共工程因廠商的猶疑而屢次流標、停滯。

人才難得，主政者尤應知人善用，既用他，就要支持他，信任他，尊重他的官格與人格尊嚴，除非有「貪贓枉法」之類的重大過錯，切勿因小疏失就視同奴才當眾叱喝、指責，要他掛冠走人。所謂「故舊無大故，則不棄也，無求備於一人。」（〈微子．一〇〉）內部和諧，相互體諒，才能建立堅強的行政團隊力量，否則動輒得咎，離心離德，下屬紛紛求去，又如何有效主政？

政治不只要創造全民的物質生活福祉，也要以身作則，風行草偃，讓人民潛移默化，提升道德意識，過一高品質的精神生活，此即是儒家「政教合一」的爲政理想。也因爲主政者要承擔這麼大的政治責任，所以歷史上一些聖君賢相（如虞舜、諸葛亮）深恐自己才德不足，不敢率爾就仕，民主國度裡一樣要有這樣的爲政情懷；台灣即將有新的領導人上任，任前她再三強調要「謙卑、謙卑、再謙卑。」很能掌握到儒家主政的精神要領，但願她能說到做到。

作文

由於國文科考試成績，「作文」所占的分數比重相當高，在因勢利導下，很多心急的家長，爲了不讓孩子輸在起跑點上，從小一就帶他們去補作文，「作文」成了顯學，與英、數、理等量齊觀，補教界的「才藝教室」也因此如雨後春筍般處處林立。

要學作文，基本上得先熟識很多字彙，小一剛開始學注音、識字，原則上還不到學作文的條件，等上了中、高年級，字彙漸多，成語也懂了不少，恐怕才是習作最適當的時機，當然只要小朋友喜歡，不覺有壓力，及早練習寫作，也未嘗不是件好事。

補習班老師通常除了講解「起、承、轉、合」的作文基本結構外，也會講如何審題、扣題，如何正確使用標點，分段落，如何找題材來充實內容，使文章生動，具廣度與深度，及如何善用成語之類，……也會拿一些範文來賞析，這些當然對寫作都有助益；至於對小朋友的作文，爲了讓家長對其進步「有感」，往往會明確引導他們每一段的文意要寫什麼，結果全班幾乎在這樣的「框架」下，一律寫成相同形式的內容，雖曰「引導」，無形中卻也桎梏了學生的創造力，這反破壞了活潑作文的本意。

其實作文不必定要講太多的理論，更不必舉太多的修辭法，乃至不必定要遵守「起、承、轉、合」的八股格式，只要內容好，無妨超越格式，而展現自家的風格，蘇東坡說：「作文如行雲流水，初無定質，但常行於所當行，止於所不可不止。」寫作本來就要自然，不受拘束，才能表現自己的創造性，而學習中，初學者如能細心推敲老師給我的負面評語，琢磨老師爲什麼會這樣改我的文句，從中找出、改進作品的盲點，會讓自己快速進步。

「辭，達而已矣。」（〈衛靈公．四一〉）寫作本來就在充分表達自己對事物的所見所聞，表達自己心情的感受，表達自己對論點的見解……；每個年齡層都有他的生活體驗，作文的內涵原則上也會跟著年齡的增長而豐富，如能廣泛閱讀，汲取古來佳作的精華，化它爲自己文思的養分，對寫作會更有幫助。

常看書而不動筆，也易犯「眼高手低」的毛病，可能連數百字的短文都寫不出來，所以建議學生們要養成寫日記的習慣，不作流水帳式的記敘，每天能從平淡的生活中，找特殊而有意義的題材來寫心得，等駕輕就熟，作文能力自會精進。

詐騙王國

多年來，每個人幾乎都接過詐騙電話，由於他們手法不斷翻新，防不勝防，很多人不只畢生的積蓄被騙光，有的甚至想不開而自殺。政府警覺性高，長期以來就要求相關單位重重把關，連提款機也錄音要轉帳的人留意受騙，金融行員也對巨額提款人多方套問，希望減少糊塗人上當，就連信用卡、手機等等也採實名制，需備兩份證件才能辦理申請，……凡此在在看出政府協助防詐的用心。

然而「道高一尺，魔高一丈。」詐騙集團眼見國內行騙不易，就利用我們與多國免簽之便，大量移往海外設立據點作案，行蹤幾遍及全球，近日肯亞、馬來西亞、印尼、越南……紛傳國人詐騙案，即可見一斑。由於他們的組織嚴密且龐大，除了不斷買人頭帳戶（拿到受騙人匯入款，便丟棄不用），招募年輕人充當第一時間取詐得之錢的車手（這些人常不知指使者爲誰，只依令盲目行事）外，還有在台訓練詐術的幹部，幕後才是從不露臉而遊走兩岸的主腦，由於誰也不認識誰，而案發後被抓的常是第一線最低層的人，所以眞正的主謀不易逮到。

爲了打擊這類犯行，國際間已成立很多合作偵辦機制，我與陸方也因此訂有《海峽兩岸共同打擊犯罪及司法互助協議》，由於目前內容尚停留在「原則性」階段，未及細節，且每案時有特殊性，故常在案發後雙方才臨時派人協商善後。這次我國人在肯亞向大陸人民電信詐騙案，地主國逕將一干人犯遞送陸方偵辦，我們立委爲爭主權，說我方因「犯罪者」是台灣人而有管轄權，要求人犯回台受審，而不知陸方因「被害人」及「結果地」，依「屬地主義」優先於「屬人主義」的國際刑事法則，更有管轄權；爲爭一時的顏面，卻淪爲保護詐犯人權的幫凶，反傷害到國格的尊嚴，是以等到陸方直接把在馬來西亞作案的詐犯遣送回台，我方因得不到相關的具體罪證，只好入境便開釋，結果鬧出「全世界在搶人才，唯獨台灣在搶人渣」的國際大笑話，網傳大陸順口溜：「十萬台人九萬騙，還有一萬在訓練；藍綠兩黨當教練，總部設在立法院；肯亞、菲律賓遍地都有連鎖店……。」尖酸諷刺我們是「詐騙王國」，很讓大家與有辱焉。

所以不管從政或問政，都要有智慧。「巧言亂德，小不忍則亂大謀。」（〈衛靈公・二七〉）我詐欺犯既到處行騙，破壞人際互信，台幹又用《厚黑學》洗腦成員，立委何不修法用重典？錯既在我，何不忍辱負重，配合調查，嚴懲不法，還受害人一個公道，以消減他們心頭之恨，豈可因小失大而損害我國家形象？

大爺

不曉得是否因於長期受到威權統治的影響，過去很長的一段時間，台灣社會瀰漫著一股「忍耐、認命、畏縮」的氛圍，不管對公家或私人，即使受到不合理的對待，大家似乎仍抱持著「息事寧人」的心態，不知、不想也不敢據理力爭，這樣的社會雖有表象的和諧，內中卻隱存著不少未發的怨懟。由於民眾處於弱勢，官員相對的常有「大爺」的派頭，有時連一些基層公務員也出現散漫的跡象，往往民眾大排長龍，他們卻仍看報聊天，急事緩辦。而在民間，很多消費者買到廠商的瑕疵品，由於投訴手續繁瑣，只好自認倒霉了事；也因爲民眾常吃悶虧，一些爲維護正義的人士便起來組織像「消費者文教基金會」之類的團體，希望借以凝聚力量，好爲受氣人討回公道。

風水輪流轉。台灣全面實施民主之後，形勢有了一百八十度的轉變，「民意我最大」成了主流，從地方到中央官員，乃至總統，儼然已無官格尊嚴，媒體想批評就批評，議員要謾罵就謾罵，風尚所及，公務員果眞成了名副其實的公僕，人人戰戰兢兢，不敢懈怠，唯恐得罪「頭家」，遭到檢舉，丟了飯碗。五月報稅季節就是一個例子：各地戶政及稅務機關為了方便民眾報稅，莫不賣命加班，志工及臨時工讀生也服務周到，現場指引方向，代抽順序號碼牌，乃至提供茶水椅座，如同伺候「大爺」一般。……人的自我權益意識越膨脹，公權力就越退讓，很多不合宜的建設與福利，在民粹壓過專業權威下，政府只好屈從，因而虛擲了很多公帑；影響所及，民間的服務業也形同「伺候」業，消費者擺出一幅「大爺」的模樣，一有班機誤點，就吵著要霸機，對小吃攤或大飯店的服務不滿，就要求道歉補償，電視經常播報病患家屬控告醫護人員，颱風天停電，就打電話到電力公司嚷著「找你們主管來」，食安問題退貨，還強逼店員吃下「餿油餅」，……凡此對小事都愛生氣而計較到底，過度捍衛權益，實有失做人應有的厚道。

「過猶不及。」（〈先進・一五〉）過去忍耐不敢據理力爭的委屈固然不好，今日理不直而氣壯的「大爺」心態其實也不對。民主時代人人人格平等，不只對日理百機的官員要尊重，對經常在大風大雨中冒著危險而徹夜搶修，沒空吃飯的基層人員也要感恩，每個人都是人，都是「大爺」，但也都很有限，誰也不敢保證做事都能十全十美，多體諒、鼓勵、感恩，少抱怨、批評、苛責，去除自以為「大爺」的獨尊心態，找回台灣人本有的敦厚，我們的社會才眞能走向祥和。

知識分子

中央研究院是我國最高的學術研究殿堂，每個獲選為院士的人，都是飽學之士，是學術界各領域菁英中的菁英，而院士推舉出來的院長，更是知識分子中的翹楚，不只學識有高深的造詣，他道德人格的崇高，更備受肯定、景仰。

從精神層面看，其實光有頂尖學歷、經歷或高知名度的人，不必定就是知識分子，一個眞正的知識分子，學識還在其次，重要的要有學者的風骨與哲人的典範。當代英國歷史學家保羅．約翰遜所寫的《所謂知識分子》一書，就是以這個角度來立論的，這與曾子所說的「士不可以不弘毅，任重而道遠。」（〈泰伯．七〉）精神上相通互契。「士」指的相當於知識分子，而所謂「弘」，就是眼光的遠大與心量的恢弘。有遠大眼光，才能超越一己之蔽，而看到整個國家民族乃至歷史文化所應走的方向；有恢弘的心量，也才會一心一意為全民的福祉著想，而不會計較個人的利害得失，這是就道德涵養上說的。至於在實踐上，則要持懷「毅」的精神，亦即要有不為外物所誘之堅忍不拔的實踐意志力，只要是對的，即便遭到挫折，他仍會挺住自己，一往無前，無怨無悔地奮力不懈。

以前歷屆中研院院長就有這樣的學者風骨，他們生活簡約，有的一生不置產，全力作紮實的學術研究，以奉獻國家，甚至別人提名他的傑出兒子當院士，他都設法擋掉，認爲在他任內被提名不合適，……這些雖都是小事，但見微知著，無形中醞釀出院內高潔的氛圍，使中研院不只是國家的學術重鎮，更是注重人品的殿堂，影響所及，不僅提高了中研院的聲望，也帶動了社會的純良。

可惜這二十年來，前後兩任院長學術地位雖然崇高，卻缺乏這樣的人品姿采。一位頂著諾貝爾獎得主的光環，竟以化學專家來領導「教改」，把教育制度改得千瘡百孔，毀了國家育才的常規機制，卻沒聽到他一句自責的話，自制定自肥內規，多年坐享月薪五十萬，且跟政治勢力緊密掛鉤，排斥異己，最近還用不當方式主導新院長人事……；另一位是現任院長，他因與財團結合，製造產官學「三位一體」的利益結構，捲入商業利益醜聞，被控貪汙背信而遭到限制出境，……這些私德備受爭議，對公家事務又欠實質關懷的惡行劣跡，不只毀了「知識分子」的名望，也傷害到中研院的形象。

眞的，知識分子不只要有學識，更要有學人的風骨與哲人的典範，今後中研院院長不論誰屬，都應以此自我惕厲。

啟發

報載南部有一所國小，一位擔任六年級的年輕林姓女老師，發覺班上有很多小朋友不但對學習「無感」，甚至還嚴重排斥，每天雖背書包上學，卻心不在焉，只等下課、等吃飯、等放學，得過且過，直想以後隨便找個工作就好。

面對這些「三等」學生，除了要實施補救教學，讓他們的程度慢慢跟上來之外，還得先要加強心理建設，使他們領受到這個基礎階段，非得好好讀書，充實自己不可，將來到社會上工作，不是單憑體力，還要具備起碼的知識或專長，知識、專長越多，越有多方面的職業選擇機會，也才可能有更好更高的工作與待遇。

既然學生認爲工作只是爲了生活，那就讓他們提前體驗「自己的生活自己賺」的艱辛。爲此，林老師特別設計了六張「未來想過的生活」學習單，內容包括：看報紙找工作、撰寫履歷表、預測適合的工作、及買屋、買車、養孩子等等平均一個月所需要的基本開銷，分別在閱讀課、綜合課、數學課以及國語課堂中，引導學生塡寫相關的資料。

依據他們塡好的資料顯示，工作收入才不過兩三萬塊，大多數的孩子竟然每個月開銷需一、二十萬，不但人人是月光族，還成了欠債大戶，這正好給孩子們一次機會教育：未來想過的生活，現在就得好好準備，培養生存的實力。

活動過程中，一些小朋友即便使用計算機，對房貸、車貸等等的開銷，也常算錯，林老師便趁時告訴他們：數學需打好基礎，才懂得理財，學生也因而了解了上數學課的重要性。又有一些孩子，從補習班發的傳單中，發現公職人員普遍比報上徵人的工作薪水要好很多，於是有想將來擔任公務員的念頭，林老師也趁機告訴他們：不只學生要考試，公務員也要考試，課堂上的各項考試，不正是自我鍛鍊的機會？學生聽了便不再視考試爲畏途。此外，在計算「入不敷出」的開銷中，林老師也引導學生要體識父母賺錢的辛苦，除了要感恩父母，引發他們孝順的意識，更借此勉勵大家要減少不必要的消費，節省一分，就可減少父母一分的負擔，於是久放在老師桌上無人認領的文具，學生便也一一領回使用了。

「不憤不啟，不悱不發。」（〈述而・八〉）林老師六張學習單的設計與運用，結合了現實生活的事例來印證、開示學生，使他們的心得如實地收歸到自己身上，而對學習的好處眞有所契悟，這是很有創意的現代「啟發」式教學榜樣，値得教師們效法。

制服與儀容

研究這些年來的教改，感覺上其中的一個特徵，就是講求「自由學風」，所以髮禁解除之後，接著又有「教官退出校園」的聲浪，日昨教育部又修法規定「學校不得將服裝規定作為處罰依據」，這句話雖不必定等同「可以穿便服到校」，但在日後無法可約束學生服裝儀容下，為了免除師生衝突，減少管理上的困擾，最後極可能遷就現實，演變為「學生可穿便服」，乃至不必講究，可隨心所欲地穿戴來上學。

傳統教育為什麼要要求接受國民教育的學生要穿制服，大學生不必，主要是大學生已成年，基本上認定他們受過養成教育，懂得自治自立；中小學生年紀輕，心智不成熟，很容易受別人不理性行為的影響，所以要實施良好的養成教育，打好基礎，好使他們在生活中懂得自我檢束，知禮儀。「德、智、體、群、美」五育並重，這是任何國家都想要達成的教育目標，而德育尤其重要，如果不講道德，社會必亂，這個國家一定沒有希望，所以學校教育除了要讓學生追求知識的充實，更要在校園中透過各種方式，來陶冶學生的品格，「博學於文，約之以禮。」（〈雍也・二五〉）唯有如此，學生才能成為品學兼優的健全國民，而服裝儀容的要求，也是實施德育群育的要項之一。

過去很長的一段時間，中小學生一律穿制服，掛名牌，繡學號，男生剃光頭或平頭，女生留「西瓜皮」或「清湯掛麵」的頭髮，大家一視同仁，沒有比較，無所謂美醜，彼此不在這裡用心，無形中培養出了樸實的風氣；今日髮禁解除，很多學生趕時髦，爲了標新立異，引人注意，就剪怪異的髮型，乃至掛耳環、塗胭紅、寇丹，露性感內褲……，這種只重外表，相對地就會失去精神內涵的追求，美其名是借以讓學生自由表現個別差異性，讓學生有自我創造的自主空間，其實說明了他們已沒把心力放在求學上，難怪學生的素質每下愈況。

穿制服除了可以辨識學生身分，提高校園的安全與方便管理，使弱勢生受到尊重與保護……外，最大的意義，在：可以讓學生表示「求學向道的眞誠」，使之專注於課業，這正如誦經的道士需穿道袍，法官律師開庭時需穿法官袍律師袍一般，這是對他們職位眞誠、尊重的一種表示，借此以提高他們對工作莊嚴性的意識，而生發更謹愼從事的態度；我們講教育，「德育」、「群育」都很重要，不重視穿制服，豈不減少了一項實施德育、群育的機會？

教改

二十幾年的教改，不論是法令規章、課程結構，或是師資培育、教學方法、教科書編製，以及入學方式等等，都有很大的變革；原本的用意，是要超越傳統僵化的教育窠臼，打倒升學主義，減輕求學壓力，希望學生快樂多元學習，校校是明星，人人是英才。但實施的結果，卻徒流為口號，百病叢生，不只沒有減輕升學壓力，反使學生的素質日趨低落，也因此，民眾對政府教改的表現，不滿意度高達百分之七十四。

要學習多元化，避免傳統之定於一尊，所以教科書採「一綱多本」，這種想讓學生增廣學習的內容，原也是件好事，但中小學實施的畢竟只是基礎的通識教育，科目繁多，既只是「基礎性」的，就不要太駁雜，否則治絲益棼，反帶給學生壓力，尤其歷史課綱，政治凌駕專業，一些爭議性的內容，常讓學生無所適從；而家長怕孩子學得不周全，砸錢買多本參考書，也徒增負擔；至於城鄉教育資源的兩極化，更擴大了學生程度的差距。據調查，台灣目前就有十二趴「未具備參與現代社會運作所需的基本學力」，相當於二十萬名國中小學生，還未出社會就「等待失敗」，而高低數學能力之懸殊，也相當於七年的教育級距，令人憂心。

教改要消除升學壓力，當然會走「免試」的路，但所謂「免試」，其實還是有會考、基測、學測、指考等等考試；至於大學入學多元化，「個人申請」終究是「多錢入學」的擅場，「考試分發」，弱勢生的成績普遍比花錢補習的考生差，而「繁星推薦」又常被「利用區域平衡機制」之升學策略的私立明星高中搶走名額，……凡此說明了家境好的學生占盡優勢，結果演變爲「頂大無寒門」，台大中低收入戶的弱勢生比率不到一趴，就是明證，十二年國教「高中均優質化」顯然只是口號而已。

爲滿足人人唸大學的願望，高職改爲綜合高中，二專、五專改制技術學院，技職教育不受重視，導致國家欠缺基、中層人才；而讓低程度的學生在不必競爭下就可輕鬆讀大學，乃至研究所，造成碩博士滿街跑，不但未增加多少國家競爭力，反讓學生背負沉重的無謂學貸負擔；走研究路線，需要有相當的學術基礎，所謂「中人以上，可以語上也；中人以下，不可以語上也。」（〈雍也．一九〉），如今只重文憑，不重學力，不只浪費國家的教育資源，也虛擲了學生寶貴的時光。

教改千頭萬緒，一言難盡，還有甚多弊病，值得當局深思補救。

政事怠惰

長久以來，政府最讓人詬病的，就是行政效率低落，而行政效率低落的原因，主要在於相關人員對政事的怠惰。問政的立委爲了趁機作秀，往往很多時間浪費在無謂的意識型態之爭上，眞正專注在法案之訂立與討論上的，反而很少，所以很多重要的法案，一擱置就好幾年，等到會期進入尾聲，爲了給民眾交待，朝野才匆忙「挑燈夜戰」，一口氣三讀通過了一堆法案，立法之粗糙可想而知。至於從政的政務官，也常借「依法行政」的消極態度去處理事情，導致不少對國家有利的事，錯過了時機，不只阻礙了社會進步，有時還鬧出國際笑話，法國藍帶廚藝學院想來台設立分校的一波三折，就是一個明顯的案例。

事情的大概經過是這樣的：藍帶來台，礙於法規，只得與高雄餐旅大學合設廚藝教學中心，雙方協議，由藍帶負責廚藝課程與師資，高餐負責行政、招生與場地，後來發現，依《公司法》，高餐不具備股東須有法人或自然人身分的規定，只好採迂迴手法，讓藍帶先在台灣成立外資公司，高餐以校務基金投資公司形式入股，且只可以「補習班」的名義招生。沒想到屬校內的藍帶廚藝卓越中心蓋好之後，爲符補習班規定，又被要求動工修改建築，不只須申請與學校不同的門牌號碼，還必須通過消防局、建築師公會以及建管單位層層勘驗合格後，才能取得使用執照，申請立案。最扯的是：依《就業服務法》規定，藍帶「補習班」的外籍老師，只能教語文，不能授技藝，如此處處卡關，動彈不得，一座雄偉的建築蓋好多年，如今只能淪爲「蚊子館」的下場。

問題的癥結在：教育部官員把大學國際合作曲解成屬經濟性活動，借《自由經濟示範區條例》立法的受阻，把自身的業務與責任推給勞動部，勞動部官員則把《就業服務法》放寬受阻的責任，推給剛上任的立委，這種把修法視爲諸事停擺的護身符，且視之爲「如釋重擔」的消極態度，即是典型的「政事怠惰」。

「敏則有功。」（〈陽貨・六〉）立委除了要認眞問政、立法、修法，別讓有利國家的法案躺在立院不管外，政務官尤要自求積極任事，對卡在法令而無法推動之政事，除了要懂得權變，在可能的範圍內採彈性作法外，對問題更應主動力求與相關單位溝通、探討，努力突破，以求合宜的解決，乃至不惜訴諸輿論，逼立委儘速修改不合時宜的法條，否則大家相互推卸責任，消極不作爲，行政不革新，我們的國家哪會有競爭力？

毒品

科技的日新月異，雖可帶給人物質上的高度享受，卻也同時加深人物慾的膨脹；人心向外追逐，內中便不知足，不充實，不快樂，導致人的精神普遍往下沉淪；為了彌補心靈的空虛，追求短暫性的歡愉，很多人往往會借用毒品來麻醉自己，就這樣，近年來，台灣的毒品有日益走向年輕化、校園化、娛樂化、食品化的趨勢，它氾濫態勢之嚴重與迅速，很令人憂心。

依歐美毒品氾濫國家的統計，青少年族群顯然是吸食毒品人口的最大宗，特別是破碎或低收入的家庭，很多青少年由於得不到親人的愛，得不到家庭的溫暖，加上社會的紛亂，沒有適時引導他們往正確的人生方向上去，在徬徨無依下，為了情感投靠，就和同樣遭遇的孩子為伍，從同伴彼此相互的影響中，不知不覺學會了抽菸、喝酒，接著一步步掉入吸毒、食毒的陷阱中。

「樂驕樂，樂佚樂，樂宴樂，損矣。」（〈季氏．五〉）那些失意的青少年，為了求得心理的補償，往往會把自卑轉化為一種無明的孤傲，以為利用吸毒、食毒，可以表現勇敢與瀟灑；借著這種「標新立異」的行爲，引人注意，可以提高自己在群體中的地位，而誤認爲這也是一種成就；更扯的是：以爲借著毒品的麻醉，讓自己精神亢奮，飄飄欲仙，可以眞能獲得快樂。殊不知匹夫之勇，不是眞勇，用毒品來損害健康，拖垮身體，豈眞有樂？其實人年輕時精神最蓬勃，體力最暢旺，對人生理應充滿著理想的憧憬，是努力充實自己，求人格成長最黃金的時段，如今卻閒散遊蕩，不知長進，成天無所事事，沒有人生目標，這樣的行屍走肉，虛擲光陰，豈不可惜？再加上鎮日與狐群狗黨們廝混，歡唱KTV，參加轟趴，以「娛樂性用藥」來助興（性），以爲只是「駭」一下沒關係，終致染上毒癮，乃至成爲愛滋病的高危險群，這種讓自己身心受到重創，且有著如同「慢性自殺」之後遺症的行爲，對人生嚴重構成「損」害，如何會快樂？

防範青少年服毒、吸毒，家庭、學校、社會三方面都有責任，父母要多關心孩子，讓他們領受家庭的溫暖，社工應多伸出援手協助，警方也要建立周全的通報網，加強對毒品的查緝、取締，而學校尤應透過各種文宣，作有效的防毒宣導，多舉辦有益青少年身心的活動，特別是教師，更應在相關的課堂上，引導學生正確的價值人生觀，讓他們懂得什麼才是眞正的快樂，並鼓勵他們積極進取，……總之，各方眞誠的通力合作，防毒應會有顯著的績效。

暖男司機

近日媒體報導，有位台南市的暖男司機，由於他對行動不便的老人與身障乘客服務周到，不只協助，有時還索性背他們上下車，且每站都直等他們坐好後才開車，因此經常耽擱了行程，一趟車程，往往比正常的時間至少延後十二分鐘，偏偏他行駛的又是一條經過成大醫院和台南醫院的路線，看診的老人很多，有這樣難得的服務熱心司機，對不便的老年病患而言，眞的如獲瑰寶，口耳相傳的結果，特別期待搭他開的車之老人粉絲越來越多，開一趟車的誤點，自然順理成章越發嚴重，最後終於遭到其他乘客一連十次的誤點投訴，結局是：好心沒好報。客運公司下令他「禁駛」，這位暖男司機也只好逼得自動辭職了。

根據台南市政府交通局的說法：市府對公車業者的補助款，有「扣點」的機制，每班車要「準點」，這是起碼的要求，而且公車司機服務是全方位的，不能爲了少數幾個不便的老人，就損害到其他乘客準點上下車的權利，也就是說，他要「公平」對待所有的乘客。

純粹從現實功利的角度看，市府的說辭也無可厚非，畢竟公共運輸工具屬廣大的群眾，不是少數人的。然而不便老人屬弱勢的族群，他們也爲國家社會作過很多貢獻，人人應「敬老」，蔚成了風氣，老年人才能過得有尊嚴；特別是那位主動、熱心的暖男司機，當局不但不應讓他辭職，反該公開大事表揚，他的「現身說法」，不但可印證「善有善報」的宗教信仰，且可爲日益沉淪的世道人心打一針「強心劑」，「舉善而教不能，則勸。」（〈爲政．二〇〉）當前台灣最欠缺的是道德，活生生的現實例子，要比課堂上講的一大堆理論要有力得多，「寓教於乘」，值得政府推廣。

最好是：讓每一路線都穿插有「敬老」公車的行駛，它雖不必定是專車，卻是以服務老人爲主要目的，要搭的其他乘客如願上車，就不要抱怨車慢。

前年台南市政府在衛福部的評比中，獲得「高齡福利政策全國第一」等十三項大獎，並宣稱推動「高齡友善城市」是「溫暖大台南」的主要計畫之一，要讓台南市與先進國家一樣，達到「無礙、暢行、敬老……」的生活水平，爲免流於口號，我們希望就從溫馨接送上下公車的不便老人作起。

我們向這位主動自發的暖男司機致以最高的敬意，雖然這只是小小的善舉，但對現今不重道德的社會中人，頗有振聾發聵的作用。

營養午餐

營養午餐的開辦，無疑方便了家長，也嘉惠了學童。比諸以前「上全天班的國小小朋友，來校除了書包裡要裝課本、作業外，還須附帶家長預備好的重重午餐便當，家長麻煩，學生中午吃蒸過的飯包，無法享受現炒的青菜美食，也品嚐不到可口的湯，只能勉強吞下二度加熱的魚肉，配白開水」的景況，差別簡直如同雲泥。

如何辦理營養午餐，一般都由各校自行決定，很多學校爲了省去困擾，減少同仁額外的負擔，乾脆就委外包辦；負責的廠商爲了節省成本，增加利潤，往往不是儘量採用廉價食材，就是隨便作幾道菜應付，菜色、工法單調，少有變化，這樣的便宜行事，可能換來難吃的午餐，吃虧的，還是全校用膳的師生。

「執事敬。」（〈子路．一九〉）認眞的校長只要把它當一回事，將營養午餐收回來自己辦理，外聘三兩個有經驗有技術的廚師、廚工，內協調、尋找老師合作，輪流驗菜、監工（分工得宜，其實每個老師增加沒多少工作量），由學校掌控菜色供需的自主權，預訂一周乃至一個月菜單，不滿意隨時反映更換，每個月再向全體師生作滿意度的調查，對不合宜的相關細節，隨時檢討、改進，相信這樣的營養午餐一定會符合大家的胃口。

至於廚餘，也要力求減量，以避免浪費。學校除了可定期安排營養師對學生作認知蔬果及其各具獨特的養分，以引導他們必須樣樣都吃，不可偏食外，隨班與學生共膳的級任導師，也要嚴格監督學生，要求務必自我衡量肚量再盛飯菜，必須吃完盤中飧，以養成惜食愛物的習慣；而負責主辦的值周老師，更要用心分別統計各班的剩菜餘飯情況，好便作爲次日酌情增減的參考。或可邀請學校志工及鄰居的獨居老人來免費共食，一方面可以解決他們午餐的問題，增加與學生的情感，一方面在「老人愛青菜，小孩愛魚肉」的互補下，可以有效減少廚餘，或乃至可考慮送到社會相關關懷弱勢族群的單位，及時轉送給需要的人共享，……總之，事在人爲，學校之間如能相互觀摩學習，交換意見與心得，我們深信會激盪出更好的處理廚餘方法。

報載台北市國小很多營養午餐學生不吃就倒掉，令人痛心，如果家長逞富，從外訂購高價位的美食，來滿足孩子的口味，不只浪費公帑，也會讓孩子嬌生慣養，更可能造成其他學童的仿效，值得三思。

家教

「望子成龍，望女成鳳」，這是每個父母對孩子最大的期待。很多家長由於求好心切，從小學開始，就急著要求孩子考試有好的成績表現，一考不好，便緊張，生怕會輸在起跑點上，於是就謾罵、體罰孩子，以爲用這種強硬的手段，就可逼孩子就範，用功讀書，其實往往適得其反。孩子自小受到如此大的壓力，潛意識裡便逐漸產生對「讀書」的反感，無心向學，功課自然越來越差，每次考試，只好作弊，用虛假的優良成績，來滿足父母愛「高分」的虛榮，一再的得逞，作弊便成習慣。其實窮本究源，孩子考不好，也許眞的沒用功，也許因於粗心、緊張，也許因於心情不好等等的因素，家長只要耐心地找出他的原因，適時對症下藥，以鼓勵代替處罰，好好輔導、糾正，下次的考試，應會好一些。孩子成績不好，他就越有進步的空間，只要稍有進步，就可增加他的自信心與成就感，而引發他求上進的動力，並對讀書感到興趣，父母採取這樣的作法，這才是健康的「家教」。

生活中，家長如果「學之不講」（〈述而・三〉），不去學習、講求如何才是眞正在愛孩子，往往愛之適足以害之，「帶孩子出遊，向學校請假」，就是一常見的案例。

從功利的角度看，家長或許會認爲：三兩天沒上課，只要在家補救教學，無虞孩子趕不上進度，所以請假沒關係；問題是：除非生病，或有其他重大事故，家長就應讓孩子正常上課，這是孩子應有的求學本分，如果認爲帶孩子去玩爲名正言順，等同認爲玩比求學更重要，這樣的請假，不但會帶給學校困擾，且有損孩子上學的莊嚴性，從小在無形中灌輸孩子上學不重要，不必守本分，「玩」比「上學」有意思，這又如何會培養孩子學習的熱誠？如何會讓孩子對讀書有興趣？爲了「玩」而可名正言順請假，還有什麼事不能請假？學生沒有「求學莊嚴性」的自覺，上不上課都無所謂，又如何培養出求學的精神？這又是一種扭曲、失敗的「家教」。

「家教」是孩子人格成長的基石，有良好的家教，加上學校德教的有效實施，將來孩子培養出了道德理性，就可面對複雜的社會，出汙泥而不染；爲了孩子，每個家長都應注重家教，即便生活中的小細節，也不隨便放過，多想怎樣做才具有教育的意義與價值，這才會是成功的「家教」。

長照

台灣趨向「高齡化」的社會，越來越快速，據國發會研究，十年後，六十五歲以上的老人，將超過人口總數的百分之二十；由於時代的變遷，家庭結構的功能逐漸萎縮，年輕人需在外工作，家中的老人欠人照顧，且需要被照料的時間越拉越長，老人長照（長期照顧）也因此成了熱門議題，各界於是紛紛呼籲政府應及早因應，作好相關事宜之各項準備。

以目前台灣老人的處境來看，有身體尚稱健康而獨居的（部分是未婚、離婚或喪偶無後的老人，部分是遭國內外子女遺棄的老人，或不想拖累子女而自願獨居的）或與子孫同住的，有疾病纏身乃至臥病在榻，需要家人長期照顧的，此中更令人鼻酸的：社會上有一些老人，由於久病，花光積蓄，子女又生活困頓，請不起移工照料或無力送安養院的，他們每天只得在工作與家庭看顧或醫療院所之間來回奔波，身心俱疲，最後導致精神崩潰，演變成孩子先解決老人家的性命，再自我了斷以謝罪的悲劇。

長照之相關問題，千頭萬緒，對目前之尚稱健康的老人而言，除了商借附近各級學校之上放學以外的時間之可用場地，鼓勵老人參加各種健身運動外，地方政府也儘可能蓋老人專用健身房、溫水泳池之類的設施，免費或減費提供老人使用，讓他們儘量保持健康，延長歲壽，像歐洲國家一樣，學習成功老化，到臨終之前兩周，才需要人照顧，這樣就可減少家人與社會負擔；此外，政府應加速興建老人住宅，並推行具保障性的包租代管政策，以協助找不到租屋的獨居貧老（這些人容易欠租、生病、死亡，很多房東不願出租給他們）有個安居之所。

至於安養機構，目前普遍供不應求，政府除了可借「少子化」的衝擊，趁機回收退場的各級學校，整修或改建成平價安養機構外，也應獎勵、協助私人企業投資興建安養中心，服務各類老人；相關單位尤應培訓醫護、社工、營養、復健人員，乃至通用設計、機構經營等管理層面的專業人才，以提高服務品質。

目前國家財力困窘，執政者萬勿爲了政績，亂開支票，貿然效法北歐實施全面性「長照」的福利制度（其實他們也有難以永續之虞），否則「健保」一大錢坑，「長照」更是一大錢坑，大債留子孫，將難以收拾。如何合宜地籌措財源，專款專用，「周急不繼富」（〈雍也・三〉），全額或局部救濟急需的貧老，實是當務之急；其餘中高收入家庭，有能力支應養老開銷的，就暫不去考慮他們了。

軍隊

國家要圖生存，求安全，必須要有強大的武力作後盾。講武力，不單要擁有先進的兵器，在軍隊裡，更必須要人人有榮譽感，有高昂的士氣，有嚴格的訓練，以及嚴明的紀律；換言之，有形的武器固然重要，對「人」無形的投資，才是戰爭成敗最大的決定因素，而這，也才是維持強大武力的最佳保證。

紀律是每個群體爲維護其組織正常運作，而要每個成員遵守的合宜言行規範，有紀律，成員才會在行爲態度上自我要求，才會堅持信念，服從合作。軍隊更是如此，有紀律，才能服從，能服從，一有戰爭，才能貫徹命令，團結一致，人人不貪生怕死，肯於爲保家衛國而犧牲。這種「生死與共」的戰鬥同袍情感，是從平日上級理性領導下級，與互信相親中培養出來的；絕不可能上級一握有權力，便以官僚作風對待下屬，老兵欺侮新兵，軍官壓迫士兵的管理方式，就能磨練出來的，否則一造成「士兵受虐致死」之類的事件，不但傷害國軍形象，作戰時更可能讓下屬找到「報復」、「洩恨」出口，不配合，而吃敗仗。

軍隊除了要有嚴明的紀律，也要有嚴格的訓練，不但平日要鍛鍊體能，對飛彈之類的精密武器，在操作上更疏失不得，否則像近來金江軍艦在港內誤射雄三飛彈，擊中四十浬外的一艘漁船，導致一死三傷，就會造成憾事，如果射中的是大型油輪、貨輪，或越過海峽中線，命中大陸航艦，必會肇致兩岸危機，後果將不堪設想。

越精密武器，越需要在作業流程上，明訂分工，核定程序，乃至在硬體設計上，要有萬全的「防呆」、「防瘋」機制，否則一旦有人心存不軌或情緒失控，而妄發濫射，情況將難以收拾。

「以不教民戰，是謂棄之。」（〈子路．三〇〉）為了達到保家衛國的使命，軍隊必須要堅持嚴格的紀律與訓練，這樣，上了戰場，才不致平白犧牲。所以不能因有人暈倒，就下令攝氏二十八度以上不出操；不能因為偶發意外傷亡，就減訓免訓；不能為節省經費，就隨意裁軍，讓許多極細緻的專業分工因人力不足而簡化，或被迫取消、合併；人力及訓練不足，而各項任務未減，造成幹部承受極大的壓力，又如何不會出狀況？如何會有國防的實力？……一切外界批評，要勇於檢討、改進，嚴懲相關人員，但不能因個案而媚俗地動不動就率將帥鞠躬道歉，軍隊的尊嚴與榮譽感要維護，上下有士氣，強大的武力才能建立起來。

退休

近二十年來，政府為了拯救高失業率，就以優渥的條件，鼓勵現職軍警公教人員退休，好讓年輕人有更多的補位機會，影響所及，私人企業機構為減省沉重的資深人事開支，也鼓勵相關人員退休，再加上職場上壓力大，同僚間常鉤心鬥角等因素，很多人因此能退就退，與以往的情況相較，退休年齡明顯下降。

退休只表示在職場工作上告一段落，並不意味人生從此就該休息，可以無所事事散漫下去，不再充實自己，所以不用讀書，不必為社會負責，所以不用服務，一年出國玩幾趟，平日大部分時間就與人賴來賴去，這固可增加情誼，也可從對方傳來的訊息中，了解很多知識與人間動態，但對社會似乎沒什麼實質的貢獻。

來台已逾一甲子的美籍空中英語教室名師彭蒙惠女士，最近有一席勉勵退休人員的話，很值得參考：別以為六十、七十就不能做什麼，她今年八十九歲，每天都有忙不完的事，《聖經》裡面沒有所謂退休，人就是要往前走，等最後往上去，就沒有退了；人的年壽都由上帝安排好了，每一天都受上帝每一天的恩典，所以腦子要天天用，不要老坐在家；多想想怎樣幫助別人，做很多我們所能做的事，不要老想到自己，這樣每天就會活得很豐富，很快樂，而讓生命充滿意義，大家加油！她這樣的積極奮進，正是孔子「發憤忘食，樂以忘憂，不知老之將至」（〈述而．一八〉）之精神生命的寫照。

眞的，五、六十歲的人，正處在專業最熟悉，經驗最豐富，處事最圓融的階段，這一群人，如果成天遊手好閒，無所事事，沒有把生命力發揮出來，對國家、社會都是一大損失，所以身體健康的，還是應該找些自己專長之所及的事情來做，比方退休老師可到國小利用早自習說故事給小朋友聽，或到欠缺人手的機構擔任導覽解說員，或在自家或學校實施免費或少費的課後補救教學，好讓低成就的學生跟上程度；退休的員警可協助指揮交通以及相關的治安工作；退休的教官可就他處理吸毒、酗酒、自殺之問題學生的經驗，到相關單位，協助聯繫、追蹤高危險人口，以有效修補社會安全網；其他有經驗的人，可到少年法庭及觀護所協助輔導虞犯少年；退休的醫師、護理師，也可到醫院支援；……凡此人力充分利用，對社會是再度奉獻，對自己也是一種自我實現。當然，既已退休，不必像正職人員那麼勞累，每週視自己許可的範圍內抽一部分時間即可，把工作當消遣，沒壓力，反有「成人兼以成己」的喜悅感。

兒戲

國家的興衰，關鍵在教育的成敗。教育是百年樹人的大業，它不僅深深影響當代人，也深深影響著後代的子孫，所以教育當局對課綱的審訂，須十分愼重。

教育部是國家最高的教育行政機關，它主要在負責全國教育的決策大計，所以課綱的編訂與審查，都應躬自敦聘相關有學養的專家學者來從事；然而民進黨占多數的立法院，爲了討好極少數偏激學生，竟同意他們「自己課綱自己審」的訴求，於是三讀通過《高級中等教育法》修正案，未來課程審議拉高到行政院層級，且課審會委員必須包括學生代表，而「國中小課綱訂定」也一併比照高中修正，換句話說將來連國中小學生都可審課綱，受教育的反可領導教育，豈非兒戲？

教育部不但未對此窒礙難行的荒謬事向立院提覆議，反配合它，煞有其事地召開學生代表遴選會議，要學生選出課審會代表；更荒謬的是，還找上一位爭議性極大的前教部主祕任召集人，這種自我作踐，把神聖的大業當兒戲來從事，眞的破了世界紀錄。

課綱之審議，不只要注意技術性的程序問題，更重要的是，如何讓學生將來更具有競爭力，如何提供學生更豐富、正確的知識，與道德品格、生活藝術的陶養，以使他們將來面對困境，能理性圓融地解決問題，……學生連課綱的內容、精神、委員角色等等都不清楚，如何有能力參與？而且課程的審議時程冗長，問題複雜，工作繁重，學生對相關資料的理解都很困難，又如何叫他們犧牲課業的學習，來參加大會、聯席會、分組會、諮詢會、公聽會……等等的相關會議？「名不正，則言不順；言不順，則事不成。」（〈子路・三〉）硬要推行形同兒戲的程序作業，才剛起步，我們果然看到了可以預見的錯亂（諸如有國小學童報名要審課綱；教育部官員在學生遴選會及訪談中，先稱呼學生為「同學」、「孩子們」，後又尷尬改口說「抱歉！是委員」等等即是），這樣的課綱審議，如何會順利、圓滿、成功？

課綱審訂要靠客觀的深度討論，而不是靠民主表決，它之所以會治絲益棼，主因在於背後政治意識型態的作祟，所以英語、數學、理化之類的科目沒什麼爭議，國文、史地、與公民課程的爭議特多，教育部只有維持中立，一本「百年樹人」之神聖教育的初衷，不為任何政黨服務，只一心想為國家培育人才，透明公開禮請沒有立場、色彩之客觀的專家學者來審訂，這才是解決問題的正道。

九二共識

當前兩岸的關係，是以「九二共識」作基礎。說「共識」而不說「協議」，是因「協議」要有文字的形式記載，「共識」只是雙方心靈的默契，是一種沒有文字形式記載的協議，所以如果有人不承認兩岸有「九二共識」，那只是找不到文字的形式記載檔案，並非兩岸沒有「九二共識」的存在事實。

翻開歷史，從一九四九年中華民國失去大陸治權，播遷來台之後，我們一直堅持一個中國原則，不與對岸接觸、談判、妥協；一九七一年聯合國表決中共取代我原有的「中國」代表權，當時已有國際部分輿論與台獨分子唯恐中共統治台灣，提出「台灣地位未定論」；次年，中共與美關係解凍，簽《上海公報》，聲明：世界上只有一個中國，台灣是中國的一部分，台灣問題必須和平解決；從此斷絕了「台獨」之路。一九七九年美與中共建交，以與我斷交、撤軍、廢約三條件，換取停止砲擊金馬，以呼應「和平解決」聲明，我亦基於這個共識，從此停火。一九八七年我拒絕「一國兩制」，推動三民主義和平統一中國，開放三通；由於陸胞偷渡嚴重，時有跳海、悶死事件發生，兩岸紅十字會遂於一九九一年在金門達成遣返協議；之後，兩岸人民往來頻繁，糾紛不斷，雙方於是分別成立海基、海協兩會，以半官方之白手套性質，處理兩岸事務；一九九二年辜、汪代表兩岸在香港開會，討論一中原則，對岸說一中指中華人民共和國，我則指爲中華民國，各有堅持，爲突破這個瓶頸，以免阻礙後續之各項協商發展，最後達成「一個中國，各自表述」的默契，爲方便稱呼，蘇起就命它爲「九二共識」，可見它是長期磨合而來的，是現階段台灣人民安全福祉的保障，得來不易，值得珍惜。

依國際政治的現實，中共是強權，我們不是，沒有選擇台灣獨立的自由，只有自立自強，肆應國際的政治運作，才能務實地找出可行的生存之道。「九二共識」是往和平統一的方向發展，朝一個自由民主均富的制度上求統一，不是「誰吃掉誰」的發展，對我們固具威脅，卻也具希望，要「維持現狀」，保持兩岸關係的順暢，只能順勢明確說出承認「九二共識」，不能欲迎還拒。「一言而可以興邦」「一言而可以喪邦」（〈子路．一五〉），建議政府切勿續玩猜謎遊戲，否則一旦對岸誤解，失去耐性而處處掣肘，不只會失去全方位的國家生存戰略，讓兩岸關係山搖地動，且使我們長期淪於神經戰與消耗戰中，終致走向萬劫不復之路，值得當局深思。

南海爭端

人生不如意的事常十之八、九，然而爲了生存下去，還得勇敢面對，想方設法一一克服它，即便難以克服，也須求讓傷害降到最低，那要抱持怎樣的處事態度呢？孔子簡賅地開示我們：「必也臨事而懼，好謀而成。」（〈述而・一〇〉）

所謂「臨事而懼」，是說面對重要的事，要小心謹愼，認眞因應，謀劃周詳，不可敷衍了事，或優柔寡斷，患得患失。說得更具體些：面對事情，當先了解它的意義、價値，了解它所以發生的現實景況，它對我們與他人的利害關係如何？以我目前的處境與條件，能夠處理到什麼程度？在求解決的過程中，遇到各種可能的困難，我要如何一一對應？這些對應方式所可能帶來的一些後遺症，我要採取什麼配套措施去補救？補救無效，又如何尋其他方法去嘗試？中間遭到所衍生的問題，又要如何處理，如眞到了無計可施，又要如何找安全或傷害最輕的退路？凡此胸有成竹，擘劃周詳，步步爲營，事情的成功率就很高，所以說「好謀而成」，個人的處事態度要如此，從事外交更要如此。

以南海爭端爲例：由於中共視南海爲「海洋領土」，爲展現軍力，在其中七個島礁關建機場、碼頭，鄰近國家恐它侵犯，也爭相塡海造陸，美國想借此機會推動其亞太再平衡策略，阻擾中共主導南海秩序，於是背後慫恿菲國要求海牙國際法庭仲裁，希望借以否定中共的U型九段線，好讓它沒有理由控制南海關鍵航道；由於中共的九段線，實即相當於我國一九四七年界定的十一段線，否定它，就等同否定我國的主權，再加上目前我們掌控的太平島又在這個海域內，如果被波及，不但極可能失去原有的主權，還可能失去二百浬的現有經濟海域，漁民再也無法在此捕魚，所以在裁決前，我們應明確宣示U型十一段線屬我國固有傳統歷史性水域，不可爲向美國交心，掉以輕心地想借仲裁與對岸切割，對主權含糊其詞，自我矮化；且總統尤應登太平島，宣示主權，證明有淡水，可生長作物，可活人，是島不是礁；一旦被誤判爲礁，我們仍應高分貝表明不接受荒謬的仲裁，繼續駐軍，加派艦艇巡弋，以表示護島護海的決心，由於當前我國小力薄，難以扭轉大局，只能設法讓海域保持「爭議狀態」，讓各方「相持不下」，「鬥而不破」；「相持」表示我們不畏縮，「鬥」表示我們不示弱（「不鬥」就意味著我們未戰而先降），再伺機與相關的國家協商，「擱置爭議，共同開發」，只有這樣的縱橫捭闔，我們才能「好謀而成」，在爭端之中，找出一條有效維護主權之路。

年金改革

最近軍公教退休人員年金改革的議題，又甚囂塵上。每年須墊付龐大公帑作全國軍公教人員退休年金，當然是一筆沉重的負擔，如果不儘早改革，寅食卯糧，在可預見的未來，不只年金破產，政府財力無法繼續支應，也連帶禍及子孫，所以年金改革，退撫制度作結構性的調整，勢在必行，這是大家都有的共識，尤其軍公教人員多爲知識分子，具有相當程度的理性，只要改革得宜，應都會接受。

軍公教人員依照國家頒布的退休撫卹法退休，所領取的俸給也是依據相關的法律規定，所以本質上他們的退休金是法定的權利，政府給的也只是代表國家去盡退休奉養的義務，這不是福利與施捨，大家既依法領取，政府年金改革如要「溯及既往」來減支，就明顯違反「信賴保護原則」，這是背信的行爲，「民無信不立」（〈顏淵‧七〉），退休人員自能名正言順地抗拒；然而迫於現實的無奈，政府要順利改革，只有採低姿態，肯定退休的軍公教人員過去對國家社會作出的貢獻，並代表國家對他們背信違約道歉，公開承認過去所訂的相關制度不夠周延，唯爲免國家財政持續惡化，懇請大家共體時艱，這樣的虛心，才能贏得大家的諒解，而樂於接受；如其不然，利用媒體把退休的軍公教人員醜化成不公不義的「過街老鼠」，把財政支出規畫的不妥當，歸咎成支領退休俸是「首惡」，法是政府訂的，卻要他們背黑鍋，作爲替罪的羔羊，極盡人格汙衊之能事，如此，反更易引生他們的反彈，而抗爭到底。

年金改革要成功，必須公正、公平、公開，不要有針對性，要全方位的，切忌局部性的，最好十三種現制都一起改革，畢其功於一役，就可爲國家永遠免除「頭痛醫頭，腳痛醫腳」的困擾，尤其對短期從政的政務官離職之不合理的高薪核算終身俸優待，更應先拿來檢討減支，以身作則，才能上行下效，平服民心。

年金改革，茲事體大，所以事前要進行充分的社會對話，政府尤要公開各項相關的財務精算，及完整的各項影響評估，在相關行業中尋求共識，再各推專業代表進行協商、談判，這是漫長的歷程，或三年，或五年，不必爲了政績，急於一年內完成，以免流於輕率、粗暴，造成社會的對立與不滿；執政者更不能蠻橫跋扈，自行領軍，找一些立場相同或相近的爭議性人物，組成所謂的年金改革委員會，閉門造車，否則必會淪爲黑箱作業，無法讓人信服，改革必然失敗。

總之，年金改革務必謹愼，可別蠻幹、亂改，讓社會翻天覆地。

在野黨

民主制度的可貴，在於政黨可以輪替執政。政府施政不佳，在野黨如有更好的治國理念與改革方針，透過選舉，贏得多數選票，就可換黨換人做做看。

眞正有意義有價值的在野黨，它要扮演的是一「忠誠的反對黨」角色，要對國家、社會、人民忠誠，它對執政者監督，好的政策要全力支持、促成，不好的要批評、反對，並提出合宜的解決之道，以供執政者參考，它抱持的是一顆「功成不必在我」的心，只要能不斷鞭策執政者上進，使國家、社會、人民更好，它乃至可以永爲在野黨，有這樣的高度、眼界與胸襟，這個黨就會爲執政者所敬畏，且更能贏得民心的擁戴，而獲得下回執政。

只可惜我們的在野黨，扮演的常是「爲反對而反對」的角色，不論執政者對錯，一律找理由杯葛到底，乃至用極盡羞辱的手段，蹂躪政務官，打殘執政黨，讓對國家有利的事無法推動，使想做事想奉獻的好人不願也不敢從政，借著國事的停滯，塑造執政者「無能」的形象，以誘發人民的不滿，好讓自己從中得到執政的機會，這種爲圖一人一黨之私，而癱瘓政府，讓全民承擔痛苦之共業的表現，委實是一種民主的病態。

「見小利，則大事不成。」（〈子路・一七〉）別以為由拐騙來的「執政」得逞，是一種勝利，其實它馬上要面對、解決由它以前百般阻撓、刁難所衍生的種種後遺症，諸多棘手的問題，會讓它長期陷入苦痛，「頭殼抱著燒」，諸如以目前國家的艱難處境，兩岸關係以「九二共識」作基礎是最合宜的生存策略，卻因於台獨意識而想閃避它，眼見無法抗拒對岸的強權壓力，只好講一些欲拒還迎的曖昧話，讓大家來猜謎；為阻擋前朝開放美牛，曾在國會發動五天四夜的抗爭，要求瘦肉精「零檢出」，以維國人的健康，如今為討好美國，又改口「遵循國際標準」「沒有阻擋美豬進口的能耐」；一向主張廢核，眼見供電吃緊，又改說「不排除重啟核一廠一號機」；……凡此在野時抵死反對的，執政後面對難題，只好一一「髮夾彎」，自我打臉，不但在野時提的政綱無法兌現，也損了國家競爭力，蹉跎了時間，浪費了整體的精力，這樣的自作自受，值得大家戒惕。

只要痛改前非，不走入死胡同，往好的方向彎，也還給了前朝一個公道，總值得鼓勵，但願輪換為在野黨的立委，要有寬弘的包容心，切勿幸災樂禍，揶揄、訕笑，否則逼得執政者老羞成怒，將錯就錯，走向極端，國家就危險了。

寶可夢

很難想像，「寶可夢」的風潮，竟那麼快就席捲全台各地，不論大馬路、公園、圖書館……，到處都可看到「寶可夢」的玩家，特別是年輕族群，每個人手一機，低著頭玩，乃至瘋狂到連深夜還在外頭徘徊尋寶。

「寶可夢」原也只是電腦線上遊戲的延伸，商家為讓足不出戶的宅男宅女動起來，就設計出一套與現實生活結合，與外在環境事物接觸的遊戲，打破眞實與虛擬的界線，把冷氣房裡沉浸於數位世界的人們，帶到充滿陽光、空氣、水的現實世界來。

這種遊戲之所以能造成轟動，主因在它可誘發人在街頭巷尾尋求新奇玩偶的探索慾，增添實境的新鮮感，收服寶貝的滿足情，以及朋友相約攻取道館的征服心，對窮極無聊的人，更能讓他獲得「我也能抓到寶」的快慰。

為增加抓寶過程的刺激，商家特找公共場所設「補給站」，好讓玩家在手機中顯示，趕緊刷取「寶貝球」，以增抓寶能量，或設道館，提供玩家攻占，或誘玩家走三、五公里路去孵蛋、尋寶，一、兩個小時走下來，汗流浹背，這種娛樂兼達運動效果的遊戲，的確是科技成功的創造。有些商店乃至博物館腦筋動得快，爲衝人氣，請商家配合在那裡設遊戲點，專供有特色而罕見的寶物讓人捕捉，果然引來不少的人群，有趣的是：據報導，動物園設「驛站」後，確實增加了很多遊客，但進園不是來看動物，而是來玩尋寶遊戲的；有人建議，遊戲公司如能把各種小精靈改爲十二生肖的樣貌，或導入我國歷史人物故事的玩法，利用抓寶，兼以增加民俗的由來與歷史文化的認知，就更能達到「寓教於樂」的功效。

然而，對「寶可夢」的瘋狂，卻也帶來了不少後遺症，邊走或邊開車邊玩，很容易疏忽安全，發生車禍；徹夜外出尋寶，也可能遭到搶劫等等意外；尤其是學生，更易因沉迷而分心，影響課業。畢竟，它是由人所設計出來的玩意兒，我們是要用它來提供生活的調劑與消遣，不是讓自己成爲它的奴隸，如果成天被它宰制、綁架，便中了數位的毒害而不自知，所以大家還應自勉常放下手機，多看看實境中身旁的家人與朋友，多看書，多充實自己的學問，陶養高尚的品德，千萬不要盲目地趕時髦，把寶貴的時間與精力，浪費在「無若有，虛若實」的無謂遊戲上，「日月逝矣，歲不我與」（〈陽貨・一〉），青春只有一次，稍縱即逝，應好好把握，別沉溺其中，這樣才算是一個有智慧的人。

奧運精神

里約奧運歷經十幾天的賽程，終於畫下了句點。

媒體對四年一度的運動盛事，都有各種層面的報導：或直下轉播開閉幕式及各類賽事的實況，或從獎牌數目的獲得，分析各國體育的實力，或從主辦國對奧運的相關建設、衛生、治安等等問題，談其準備的過程與得失，或從傳播網路與高科技影像追蹤設備，談當今科技深植於競技殿堂的景況，或從運動員正負面表現，談奧運精神，……此中，後者最關係著教育的意義。

古來人類在「爭奪」私心的作祟下，經常發生大小規模的戰爭，犧牲了很多無辜百姓的生命，「爭」既不得免，與其「流血」相爭，不如「流汗」相爭；與其在橫屍遍野的沙場上，不如在充滿歡笑、掌聲的運動場上比輸贏，國際奧運就因於這樣的理念應運而生。

以前比賽期間，必須停戰，禁止武器進場，並開放各路，供人自由往來參觀，爲了增進內外友誼，團隊講合作、默契，賽事講公平、正義，從沒有歧視的和諧競爭中，相互了解、欣賞，以建立一和平、美好的國際社會，這樣的期許，實與儒家「君子敬而無失，與人恭而有禮，四海之內皆兄弟也」（〈顏淵．五〉）的精神相接相契。奧運聖火基於這樣的精神來傳遞，沿途呼籲交戰分子停戰，透過運動的競技，忘卻仇恨與戰爭，進而和諧共處，建立友誼，走向光明；而藍黃黑綠紅的五環會旗，也因以用來象徵期許地球上的五大洲，都能共同與賽，成就神聖的國際體育盛事。

今年出現了一支由十個不同國家難民組成的「難民隊」，他們雖失去國家的眷顧，大會卻仍准這批「獨立運動員」參賽（其中有一位還成了泳賽的優勝者），充分展現了沒有歧視的另類公平、正義。尤其這次的女子五千公尺賽程，有兩位選手在中途碰撞跌倒，先爬起來的眼見另一位還趴在地上，便扶起了對手，沒想到自己因扭傷又摔倒，換被扶起的那位又回過頭來扶她，兩人共勉跑到終點，雖未得牌，這相互扶持，「敗不餒」的一幕，不只贏得了彼此的友誼，也博得全場熱烈的掌聲。相對的，有人與團隊有磨擦，竟臨場負氣棄賽，嗆說：「我不是國家養大的。」不僅傷害到國家形象，還拖累另一位與她搭檔的網球雙打選手無法出賽，不能團結合作，欠缺運動精神，其氣度與前例相較，簡直相差如雲泥。

與賽雖不必定有傲人的成績，但只要有奧運精神，仍是氣度上的泱泱大國。

校園教官

二〇一三年，朝野立委協商「高級中等教育法草案」，決議讓教官回歸國防部體系，在「學生安全、校園安定無虞」的前提下，高中職、大學內現有的教官，於二〇二一年前，「有尊嚴」地全面退出校園，改由培訓其他的校安人員來取代。

這項決議，有人反對，也有人贊成。反對的認爲教官負責維護校園安定與管教學生的績效有目共睹，一旦全面退出，遞補的新進校安、保全人員是否眞能像教官一樣得心應手，令人擔心；贊成的則認爲這樣才能「去除教育場域內的威權遺毒」，達到「捍衛學術自由」及校園「轉型正義」的目的，而且平均一個教官的待遇，可資改聘一點五到兩名的校安人員，人力只會多，不會少。

教官進入校園，有它的歷史背景，早期兩岸武力尖銳對峙的年代，或想讓高中職的學生，成爲允文允武的青年，所以在學校中設教官，兼施基本軍事教育，並借教官來輔導叛逆期的學子，使他們能過著「知禮節，守紀律」的規矩生活，以成就良好的「養成教育」。由於教官著軍裝，有雄壯威武的氣象，加上他們從軍中磨練出來的處事幹練，很容易爲學生所敬畏，所以讓學校在無形中產生了一股安定的力量。

隨著民主時代的演進，教官逐漸脫去威權的外衣，轉化成親近學子的「守護者」。有不明校外人士闖入校園，一馬當先化解可能一觸即發之衝突，以確保學生安全的，是教官；學生之間有磨擦，協助處理，而以愛心與耐心感召桀驁不馴之學生的，也常是教官；巡視校園各角落，防止學生抽菸、吸毒的，也是教官；掌握學生心理動向，及時挽回學生「輕生」的，也是教官；上放學期間，學生發生車禍或其他意外事故，第一時間趕到現場或醫院關心的，也常是教官；……凡此呵護學生，平易近人地勸導學生不要打架、不加入幫派、不霸凌同學，不要違規騎機車，不要抽菸、吸毒等等的態度，如何可說是「威權的遺緒」？

教官是穿著軍裝的現役軍人，讓他們退出校園，歸建到國防部體系，使校務純由教育專業人員來擔任，原也言之成理，只是把退場之事政治化，把教官汙名化，就有失厚道，「惡稱人之惡者。」（〈陽貨・二四〉）人最討厭的就是借用所謂的「轉型正義」來暗示教官的不正義，要教官有尊嚴退場，就要多從正面看他們長期以來對維護學校安定與學生安全的貢獻，有貢獻就有價值，就是一種正義，制度的不合時宜可以修改，教官也可以退場，但我們不應抹煞他們存在的價值。

讓座

在台灣，「讓座」似乎已成了一種俗尚。考量行駛中的老人、孕婦、小孩、身障者可能站不穩，尤其緊急煞車時可能反應不及而跌倒受傷，各公共運輸業者都普遍在車廂中設有「博愛座」，以爲他們提供服務；很多年輕人認爲那是「特別」座，即使空著，也寧可站立，不肯暫占座位；乘客擁擠，見了長者、弱者，大多也會主動讓座，單從這種「讓座」的文化來看，說台灣最美的風景是人，似也孿名副其實的。

「讓座」是一種道德實踐，能設身處地考慮無座的長者、弱者，而願犧牲自己的方便，來減除他們的不方便，所顯的就是一種仁愛的襟懷；讓位給跟我無關的陌生人，而不必是相識的尊親好友，這種不求回報，但求心安之「無所爲而爲」的表現，是道德心靈的一種「主動的感」，事雖至小，但在生活中能超越功利，超越現實，便值得鼓勵，值得提倡，值得讚揚。

然而道德實踐畢竟要出於個人的意願，人願不願意表現，那是他的自由，希望人踐德，只能鼓勵他，邀請他，不能勉強他，脅迫他，如果踐德非發於他的心願，即使表現了，也不算是道德，對他而言，不但沒有絲毫踐德的愉悅，也許還帶給他勉強的痛苦，所謂「禮教吃人」，便失去踐德的意義。

最近有一位穿著綠色制服的北市高中女生，由於在捷運上沒讓座，竟遭一位婦人在臉書上披文辱罵，導致該生身心受創，家長打算提告，會衍生這樣的複雜問題，癥結就在：這位婦女教條式之正義感的作祟。

如果這個女生占的是「博愛座」，且不肯讓位給老弱，那當然不對；問題是她坐的是一般座，讓不讓位，是她的自由，人不能強迫她一定要讓，她既不妨礙、傷害人，就不能無限上綱說她「不道德」，沒讓座，也許因於內向不善表達，也許因於一時沒注意到，也許當時身體不適，……凡此不讓座，都情有可原，沒想到這位婦女竟用高道德標準要求她，「人而不仁，疾之已甚，亂也。」（〈泰伯．一〇〉）不讓座，其實不是什麼了不得的大錯，名校生自尊心強，沒給她下台階，對她心靈造成嚴重的打擊，自覺不見容於人，而精神瀕臨崩潰，在輿論譴責下，逼得那位急於維護正義的婦人，只好向社會道歉。

人非聖賢，孰能無過？自己也常在犯錯中，如何苛求別人無過？所以要改善社會，應先用放大鏡來檢視自己，「嚴以律己，寬以待人」，這個社會才會祥和。

遊行

民主制度可貴處很多，其中之一，就是當人民對政府不滿，訴諸輿論批評、指正它而無效，可進一步用「遊行」的方式來抗議，認同的人越站出來，遊行的陣容越龐大，就會形成強大的壓力，逼使政府改革。

這次九三軍公教大遊行，主辦單位原本只想號召十萬人上凱道，沒想到人數超乎想像的熱烈，參加的竟逼近二十萬人之多；大部分的軍公教人員都很保守，很乖順，這次大家卻打著「反汙名，要尊嚴」的訴求勇於上街頭，足見他們已到了忍無可忍的地步。

國家財力窘困，政府年金的支付已不堪負荷，因此爲共體時艱，年金制度須作一番修改、調整，原也是天經地義的事；然而新的執政黨，一向把軍公教視爲「藍營」的同路人，在談話性節目中，不斷醜化，塑造他們是「工作輕鬆待遇好的肥豬」、「假多事少保障多的不公不義」、「吃垮下一代的米蟲」、「只會偷民脂民膏去到處遊山玩水」的惡劣形象，把軍公教操作成人民的公敵，讓勞工朋友仇視他們，心想只要打趴他們成「過街老鼠」，就可借公恨的力量，理直氣壯地大砍退休年金，企圖用齊頭式的平等，使月繳四千多元提撥金的軍公教人員，和月繳六七百元的勞工領得「差不多」，爲了選票，寧可剝削軍公教的少數，來討好勞工的多數，軍公教所擔心的正是這種可能的政治操作，會嚴重影響理性的年金改革，所以紛紛站出來，含蓄地以「反汙名，要尊嚴」的訴求，提醒政府改革千萬不要有意識型態，當一本公平、公正、公開的精神，來處理年金制度。

這次近二十萬人的凱道遊行，過程迥異於一般群眾，不但沒穿奇裝異服，舉大型道具，也沒撒冥紙、噴漆、扔雞蛋，更沒有衝占公務機關，破壞公物，大家唱唱軍歌，呼呼口號，頭上綁著「反汙名」、「要尊嚴」的抗議黃絲帶，輕聲細語，面帶微笑，井然有序，人人看來一副優雅的樣貌，展現了社會中堅的非凡氣質，下午五時一到，準時「下班下課」，不留紙屑，更不見菸蒂，堪稱是一次最溫和最有紀律之模範的街頭運動。

「法語之言，能無從乎？改之爲貴；巽與之言，能無說乎？繹之爲貴。」（〈子罕．二三〉）大量的軍公教人員湧現街頭，他們的訴求，是對政府嚴正的告誡（法語之言），他們溫和理性，沒有謾罵，只含蓄委婉勸諫（巽與之言），這些善意，政府千萬不要當耳邊風，否則再來第二次街頭抗爭，社會將會更趨動盪。

勞工休假

前此日子，有位超商員工，因爲不滿連續上班八天，覺得有違《勞基法》的規定，憤而報警辭職，引起立委的關切，新政府於是依立院決議，速迅廢除「例假可挪移」的函釋，勞工休假的議題，隨即在社會上吵得沸沸揚揚。

一九八四年制訂的《勞基法》第三十六條明定：「勞工每七日中，至少應有一日之休息，作爲例假。」這是「七休一」的原則性規定。所謂「例假」，它與「休假」有別，如果企業主（或公司）爲了趕工或其他重要任務，不得不要員工於例假日加班，除了當天要算加倍的工資外，還得另找時間給員工補假；而「休假」日停休加班，只需給加倍的工資，不需再給補假。由於各行各業都有不同的工作性質，即便同一行業，也有相異的情況，所以原則上雖規定應「七休一」，但實際上如何執行，細節就交給勞（工會）資雙方去協商，三十幾年來，這部《勞基法》所規定的這種彈性休假方式，除了少數個案，大體上勞資雙方還算相安無事，沒有太大爭議，可謂「雖不滿意，但大家都還可以接受」。

新政府上台之後，爲了展現政績，推崇勞工休假的價値，就抛出勞工也應比照公務員，享受「周休二日」的議題，此中到底應「一例一休」，或「二例」，要社會來討論，有人因此更認爲《勞基法》規定的特休假「勞工服務滿一年以上者，企業主應給七天假，滿三年到五年十天，五年以上到十年十四天，滿十年以上每增加一年年資增一天假，最多卅天。」與公務員相較，還是偏低，所以進一步主張一年之中，勞工應再補休「元旦補假、青年節、教師節、光復節、蔣公誕辰、國父誕辰、行憲紀念日」等七天「國定假日」，這些提議，曾獲新政府應允，後因企業主需付額外的沉重加班成本，強烈反對而作罷，諸如此類的政策反反覆覆，不但沒討好勞工，也得罪了企業界。

「仍舊貫，如之何？何必改作！」（〈先進．一三〉）原來之《勞基法》具有彈性的休假藝術方式，如今新政府竟捅馬蜂窩，硬性規定必須「七休一」（後又改口不得連續工作十二天），由是激發各業勞工群起爲維護自身的權益而罷工，很多台鐵駕駛、客運司機因此都要在節日或假日「依法休假」，逼得運輸業不得不減班停駛，旅客不便，各種物價連帶飛漲，……很多後遺症接踵而來。

新政府想爲勞工爭取更多福利，原本美事一樁，但勞工休假是一極爲複雜的問題，如果昧於現實，徒唱高調，缺乏配套，反鬧出更多爭議，便敗事有餘了。

高度

很多低薪資的年輕朋友，經常感嘆別人賺錢多，自己賺錢少，細究他們工作的性質，往往是沒有技術性，或只是低專業性的，這種工作，任何人只要三、兩天，就可以學會，誰都可隨時補他的位子，老板當然不會給高薪，也不怕他請辭，而他又不敢走人，生怕一旦離職，可能找不到合適的工作，只好長期待著，哀歎地一天熬過一天。其實自由競爭的社會，每個人都有很多機會改變、創造自己，只要他的想法有高度，眼光看得遠，掌握到社會職場的脈動，是可以找到更好的工作，讓他好好發揮，如果發現他的專業冷門，他其實也可以從頭來過，重新學習，幾年後，也可能開創另一番事業，而改變他的一生。

同樣的，一個家庭，夫妻倆若沒有思想上的高度，便不會意識到人隨時都可能會有不測的事故發生，將來也可能因失業等等原因而有生活上的困窘，於是平日不懂積蓄，以應可能的急需，長期淪爲「月光」一族；沒有思想的高度，當然更不可能領會「結婚」所具有的「承先啟後」意義，因此自也不想傳宗接代，生兒育女，等到人老頓感生命缺乏依托，心有所憾，爲時晚矣。

一個國家的政治領導人更需要具備爲政的高度。民主的國度，領導人既依多數「選賢與能」的票決產生，就要以成爲一個「賢者」自我期許，「賢者識其大者，不賢者識其小者。」（〈子張．二二〉）所以一切政策的釐訂，一切的行政措施，都要具備高度；唯能具有高度，才能看到整體，而不致蔽於局部，才能看到長遠，而不會泥於現在，才會維護廣大民眾的生活福祉，而不會去刻意討好少數人，也才能爲整個國家的未來著想，而不會受制於狹隘的意識型態；一切公正、公平、公開，合情合理合法，一本道德理性的原則，就會減少很多錯誤嚐試。

例子很多：國道收費員抗爭事件，領導人爲兌現選前承諾，竟照單全收所有訴求，不只亂慷全民之慨，加碼他們的年資補貼，附贈便當費及精神補償費，還強迫當時的業主發大錢，盡「無過失企業的社會責任」；不衡量國家現有的實力與安危，硬執狹隘的意識型態以弱搏強，而不顧全民的幸福；不考慮兩岸外交戰火方熾，竟未戰而先屈己之兵，借口說要節省經費，主動在好幾個國家撤館降旗；……凡此在在說明了我們現在的國家領導人，十分欠缺爲政的高度。

眞的，不管是個人、家庭，或國家領袖，都應要有處事的高度，看得遠，想得深，才可面對現實，開創新局。

名嘴

這些年來，台灣的亂象與價值觀的混淆，有日益嚴重的趨向，探究其因，很大的成分來自於電視台政論節目上的一些名嘴的狡辯。

這當然不是說所有的名嘴都不好，其實有些人還是相當理性，他們論事說理公允客觀，不只提供了觀眾對事情眞相的釐清，還給了很多正確處事的啟發。但有一批名嘴見解偏頗，明顯有他的政治立場，由於嘴功厲害，可以把原本一件明明不對的事，辯成爲對；對難硬拗的事，如果找不出充分的理由來袒護，就設法淡化它、避談它，然後竭盡所能地轉移焦點，用放大鏡去抨擊另一方一時疏忽的微罪。他們的辯術，經常導果爲因，說負面的一方因於正面一方之處置失當而受傷害，所以應該追究、嚴懲正面的一方，對負面的一方則說情有可原，應予諒解，乃至應忘忽他的犯行。他們或採集三、兩件反面的個案，來以偏概全地打趴所有軍警公教人員的形象；或用道聽途說的謠言，未經自己充分地查證，便指責、謾罵受批評的當事人；或採雙重標準，於類似或相同的行爲表現，對與自己政治立場不同的人，便用負面的思維去解讀它，醜化它，對政黨屬性相同的「自己人」，便用正面的角度去肯定它、讚美它，好讓人觀念模糊，莫辨孰是誰非。……

實例很多：一位盡責的檢察總長告知總統有關立院院長及委員的不法關說事證，結果他以洩密獲罪去職，而不法關說者沒事。一位南部市長候選人被繪聲繪影地說發「走路工」賄選，最後查無實情，卻已因此落選。一位女副總統候選人雖合法買賣軍宅理財，卻被罵成貪婪，欺負榮民老伯伯，豬狗不如，逼得她如數吐回一千多萬元的獲利；而己方的總統候選人買賣內湖土地，賺近兩億，便以「家族理財」、「算法不對」為由一筆帶過。占據立法院，破壞行政院，嚴重妨害公務，卻說「公民不服從」的學運成員是勇敢的表現，全屬政治事件，免罰；漁民為捍衛漁場及國家主權，自組船隊前往太平島抗議，竟解讀為擅闖軍事要地，要嚴懲。借偶發的士兵虐狗及管教、訓練失當命案，來打趴所有軍人的尊嚴，而廢除軍事法院及取消嚴格體能鍛鍊。……凡此由名嘴所造成之社會亂象及價值觀混淆，罄竹難書，令人憂心。

「惡紫之奪朱也，惡鄭聲之亂雅樂也，惡利口之覆邦家者。」（〈陽貨・一八〉）民主的國度，名嘴固有他的言論自由，但如何有效規範他混淆是非的言論，使他須對自己付出代價，以免再度造成個人或社會的傷害，值得大家深思。

外遇

最近網路上相傳了一則含蓄的「外遇」笑話：

一對才結婚沒幾年的夫妻，太太趁著先生外出上班的時間，交男朋友。有天夜裡，在熟睡中說囈語：「我先生快回來了。」半睡狀態的枕邊老公，居然緊張得不得了，糊里糊塗地瞇著惺忪的睡眼，拎起架上的衣褲，跳窗直往外衝。

這則笑話，說明了不只太太有外遇，先生也同樣有外遇，這雖似杜撰出來的故事，卻也極可能是現實社會的寫照。婚後還搞外遇，正表示了人失去對婚姻莊嚴性的自覺，缺乏對結婚的眞誠。

古人對結婚很當一回事，所以婚典上有「一拜天地，二拜高堂，夫妻對拜」的儀式。「一拜天地」除了感謝天地生人、長人之恩，效法天地「生生不息」的精神（所以結了婚就要生）外，更有在天地面前發誓情愛永不渝的用意（俗話說「天地良心」，天地即良心，對天地發誓，即等同對良心發誓）；「二拜高堂」除了對父母感恩，慰藉他們將有後外，更有請他們對這樁婚事放心之意；而「夫妻對拜」，則是新婚夫妻對彼此人格的敬重與感恩，相信彼此都會信守「一對一，絕不容許第三者介入」的承諾，也感恩彼此將會相互配合，共創和諧健康的家庭，所以婚後便不可有外遇，否則就表示沒有信守承諾，未對自己負責，這是人格重大的瑕疵；今日歐美先進國家的從政人員如有外遇，社會儘管思想開放，仍會受到嚴厲譴責，有時乃至逼他因此下台，足見結婚的莊嚴性，是古今中外都重視的。

男性陽剛，想向外發展，所以一般說來，外遇，男性會多於女性，特別是資訊發達的現代，色情影視泛濫，如果定力不夠，便很容易受到引誘，尤其開放的社會，男女接觸頻繁，同事朋友之間，日久生情，一時昏了頭，有時就會做出糊塗的事來。「吾未見好德如好色者也。」（〈衛靈公．一三〉）聖人也知外遇是天人交戰的事，欠缺修養的人，人欲常不能克勝天理，所以一些過來人常感嘆地說：「這是男人容易犯的錯誤。」

老公外遇，未必就不愛老婆，所以面對他的不軌，應給予懺悔的機會，耐心地透過各種管道來溝通、勸說，使他痛改前非。在他尚未回頭之前，做太太的尤要先自我調適，萬勿以「報復」的心態，故意也去搞外遇，否則自己就站不住腳，如果最後眞無法挽回，寧可離婚，也不可傻到採極端手段，用子女陪自己一起自殺的方式來抗議，不管將來如何，畢竟保住生命，才有機會締造幸福。

哲學課

最近有一位旅法女作家介紹法國高中三年級設有一門哲學課，她說這課在法國，是一門橫跨文學、藝術、政治的「全人教育」課程，目的在培養學生獨立思考的能力；她又說法國也很重視考試，但考的方式不是測驗題，而多是沒有標準答案的問答題或申論題，她呼籲教育界應思效法，開哲學教育的課程，好培養學生的思考和評論能力。

她的見解很切中時弊。眞的，我們的高中教育，一直仍在傳統的記問之學中，學生的成績，總跳不出「背多分」的窠臼。

其實我們古代的經典中就蘊涵有豐富而深邃的哲理，它的「無可無不可」精神，就是要我們理性去獨立思辨問題，所以以前孔子對子夏說：「女爲君子儒，無爲小人儒」（〈雍也・一一〉），意思在勉勵他要當一個懂得了悟義理，析辨是非的知識分子，千萬不要當一個只知記問之學的書呆子。

哲學是訓練人思考問題的學問，當然很重要，只要國文老師能往人文精神的方向去教學，以近取譬，多舉現實中的相關生活例子來討論，析辨如何合宜因應之道。文化基本教材就是一門很有豐富內涵的哲學課，不只是一年，本質上，我們開的已涵蓋高中的三個年，所以不必定要另開哲學課程，徒增學生課業負擔。

長久以來，在激烈的升學競爭下，爲了表象的公平，以免落人口實，相關單位的國文科聯考試題，除作文外，其餘出的都是有標準答案的測驗題，這類型的題目，雖然客觀公平。但也都侷限在語文能力的「工具學習」程度之鑑別上，無法測出學生人文心靈的領受度。如此考試領導教學的結果，國文教師便也只實施語文能力的工具教學，而鮮少有人文精神的薰陶教學，於是無形中淪爲引導學生只知記誦，以應付考試的「教匠」而不自知。這種只從灌輸「客觀知識」角度去教學，自然引不起學生心靈的共鳴，原本有豐富義理內涵，可引領學生去深入思辨的課程，如今竟陷爲呆滯無趣，難怪家長與學生不重視國文。

考試領導教學既不能免，不如因勢利導，從試題下手，除作文及一時無法避免之標準答案的測驗題外，每次考題都出一些取自經典中之章句，結合日常生活的活潑性題目，占相當的成績比重，讓學生每題用三、兩百字去析解其中的主要精神義涵（研究合適的配套措施，以力求分數更趨客觀、公平），這樣，爲了爭取好成績，勢必促使國文教師用心在活化經典，加強「人文精神」的教學上，不只可以使學生培養出獨立思考的能力，且可讓他們成爲懂得理性生活的國民。

時報悅讀10

現代人的生活智慧

作　　者—戴朝福
編　　輯—謝翠鈺
封面設計—楊珮琪
美術編輯—吳詩婷
製作總監—蘇清霖
董 事 長
總 經 理—趙政岷
出 版 者—時報文化出版企業股份有限公司
10803台北市和平西路三段二四〇號七樓
發行專線—(〇二)二三〇六六八四二
讀者服務專線—〇八〇〇二三一七〇五
(〇二)二三〇四七一〇三
讀者服務傳真—(〇二)二三〇四六八五八
郵撥—一九三四四七二四時報文化出版公司
信箱—台北郵政七九~九九信箱
時報悅讀網—http://www.readingtimes.com.tw
法律顧問—理律法律事務所　陳長文律師、李念祖律師
印　　刷—盈昌印刷有限公司
初版一刷—二〇一七年四月二十一日
定　　價—新台幣二五〇元
行政院新聞局局版北市業字第八〇號
(缺頁或破損的書,請寄回更換)

國家圖書館出版品預行編目(CIP)資料

現代人的生活智慧 / 戴朝福作. -- 初版. -- 臺北市:時報文化, 2017.04
面; 公分. --(時報悅讀;10)

ISBN 978-957-13-6930-3(平裝)

1. 人生哲學 2. 生活指導

191.9　　　　106002305

ISBN 978-957-13-6930-3
Printed in Taiwan